时代印记

王志艳◎编著

寻找

华盛顿

延边大学出版社

图书在版编目（CIP）数据

寻找华盛顿 / 王志艳编著 . —延吉 : 延边大学出版社，2013.8(2020.7 重印)

ISBN 978-7-5634-5892-9

Ⅰ . ①寻… Ⅱ . ①王… Ⅲ . ①华盛顿，G.（1732 ~ 1799）—传记—青年读物②华盛顿，G.（1732 ~ 1799）—传记—少年读物 Ⅳ . ① K837.127=41

中国版本图书馆 CIP 数据核字 (2013) 第 209670 号

寻找华盛顿

编著：王志艳
责任编辑：孙淑芹
封面设计：映像视觉
出版发行：延边大学出版社
社址：吉林省延吉市公园路 977 号 邮编：133002
电话：0433-2732435 传真：0433-2732434
网址：http://www.ydcbs.com
印刷：唐山新苑印务有限公司
开本：690×960 1/16
印张：11 印张
字数：100 千字
版次：2013 年 8 月第 1 版
印次：2020 年 7 月第 3 次印刷
书号：ISBN 978-7-5634-5892-9
定价：29.80 元

前言

历史发展的每一个时代，都会有对后世产生巨大影响的人物，都会有推动我们前进的力量。这些曾经创造历史、影响时代的英雄，或以其深邃的思想推动了世界文明的进步，或以其叱咤风云的政治生涯影响了历史的进程，或以其在自然科学领域中的巨大成就为人类造福……

总之，他们在每个时代都留下了深深的印记，烙上了特定的记号。因为他们，历史的车轮才会不断前进；因为他们，每个时代的内容才会更加精彩。他们，已经成为历史长河的风向标，成为一个时代的闪光点，引领着我们后人走向更加深邃的精神世界和更加精彩的物质世界。

今天，当我们站在一个新的纪元回眸过去的时候，我们不能不提起他们的名字，因为是他们改变了我们的世界，改变了人类历史的发展格局。了解他们的生平、经历、思想、智慧，以及他们的人格魅力，也必然会对我们的人生产生深刻的影响。

为了能了解并铭记这些为人类历史发展做出过巨大贡献的人物，经过长时间的遴选，我们精选出一些最具影响力、最能代表时代发展与进步的人物，编成这套《时代印记》系列丛书，其宗旨是：期望通过这套青少年乐于、易于接受的传记形式的丛书，对青少年读者的成长产生潜移默化的影响，使他们能够从中吸取到有益的精神元素，立志奋进，为祖国、为人类作出自己的贡献。

本套丛书写作角度新颖，它不是简单地堆砌有关名人的材料，

前言

而是精选了他们一生当中最富有代表性的事迹与思想贡献，以点带面，折射出他们充满传奇的人生经历和各具特点的鲜明个性，从而帮助我们更加透彻地了解每一位人物的人生经历及当时的历史背景，丰富我们的生活阅历与知识。

通过阅读这套丛书，我们可以结识到许多伟大的人物。与这些伟人"交往"，也会进一步提高我们的思想品格与道德修养，并以这些伟人的典范品行来衡量自己的行为，激励自己不断去追求更加理想的目标。

此外，书中还穿插了许多与这些著名人物相关的小知识、小故事等。这些内容语言简练，趣味性强，既能活跃版面，又能开阔青少年的阅读视野，同时还可作为青少年读者学习中的课外积累和写作素材。

我们相信，阅读本套丛书后，青少年朋友们一定可以更加真切、透彻地了解这些伟大人物在每个时代所留下的深刻印记，并从中汲取丰富的人生经验，立志成才。

导　言

Introduction

乔治·华盛顿（1732—1799），美利坚合众国开国元勋，独立战争期间任大陆军总司令，美利坚合众国成立后第一、第二任总统，集革命家、军事家和政治家于一身，被誉为"战争时期第一人，和平时期第一人，同胞心目中的第一人"，深受美国人民的爱戴和敬仰。美利坚合众国独立后，他是美国联邦宪法的制定者和积极倡导者，为美国近代民主共和制的确立和资本主义经济的发展起到了奠基作用，被誉为"美国国父"。

1732年2月22日，华盛顿出生在英属北美弗吉尼亚殖民地的一个种植园主家庭。11岁丧父，只受过少量的初等教育，后来完全靠自学汲取了自己所需的各种知识。

1753年，华盛顿到部队服役，参加了法国与印第安人之间的战争，表现出众，积累了丰富的作战经验。1756年，华盛顿毛遂自荐，请命率弗吉尼亚民团对法军作战，为与法国争夺俄亥俄州付出了艰苦的努力。

1763年，北美人民与英国统治集团之间矛盾激化，华盛顿立即投入到反抗英国殖民统治的斗争中，为北美人民谋求应得的权益。1774年，他被弗吉尼亚议会选为代表出席第一届大陆会议。1775年4月，列克星敦的枪声揭开了北美人民武装反抗英国殖民统治的序幕，华盛顿勇敢地担负起大陆会议委任给他的大陆军总司令重任，领导北美人民为争取独立而进行武装斗争。从此，华盛顿成为北美乃至世界政治舞台上的风云人物。

1783年，英国正式承认美国独立。1787年，华盛顿主持召开费城制宪会议，制定了美国第一部联邦宪法。1789年，华盛顿众望所归，当选为美国第一任总统，随后开始组织机构精干的联邦政府，颁布司法条例，成立联邦最高法院，并支持关于成立国家银行的计划，确立国家信用。在执政期间，每每遇到难题，华盛顿都会认真听取各方意见后才作出决断，而决断的主要依据都是美国的国家利益和全体美国人民的幸福。

1793年，华盛顿蝉联第二任总统。期间，美国两党政治将这位总统卷入激烈的党争之中，使他的声望受到极大伤害。对党争的厌恶使其在第二届总统任满之际，不顾多数人盼其连任的愿望，坚决辞任总统职务，从而确立了美国总统任期不过两届的惯例。

1799年12月14日，华盛顿在弗吉尼亚州的弗农山庄家中病逝，享年67岁。

本书从华盛顿的儿时生活开始写起，一直追溯到他所创立的伟大事业及所取得的辉煌成就，再现了这位美国首任总统具有传奇色彩的一生，旨在让广大青少年朋友了解这位伟大政治家不平凡的人生经历，学习他那种一生正直、勇敢、坚强、深明大义且乐于奉献的崇高精神。

目 录
contents

时代印记　目录

第一章　英勇诚实的少年乔治

　　我的母亲是我见过的最漂亮的女人，我所有的一切都归功于我的母亲。我一生中所有的成就都归功于我从她那儿得到的德、智、体的教育。

——华盛顿

（一）

　　乔治·华盛顿的祖先是英国人。1657年，25岁的英国传教士之子约翰·华盛顿作为"伦敦海马号"双桅帆船船主的助手，漂洋过海来到美洲做贩卖烟草的生意。在回程时，"伦敦海马号"不幸沉没，约翰·华盛顿只得留在英国所属的北美殖民地弗吉尼亚。

　　弗吉尼亚气候温暖湿润，风景秀丽宜人，而且土地肥沃，靠大西洋沿岸的地区生长着茂密的橡树、胡桃树和榆树等。而且，这里还是北美最早的烟草产地。

　　约翰·华盛顿被弗吉尼亚美丽的景色所吸引，遂决定在此定居，并在波托马克河和拉帕哈诺克河之间的北峡地区的威斯特摩兰县购置了土地。

　　不久，他在这里结识了当时弗吉尼亚富豪纳撒尼尔·波普一家，并与富豪的女儿安妮·波普小姐结为伉俪。婚后，他们将新家迁到风景秀美的布里奇斯溪畔。

约翰·华盛顿很能干，他以务农为主，开垦了大片的土地，后来又出任地方官员和市民院议员。而且，他还以华盛顿上校的身份率领弗吉尼亚军队抗击印第安人对波托马克河一带的侵扰活动。为了表彰他为公众服务的劳绩和他私人的美德，他所在的教区被命名为华盛顿教区，并且延续至今。

约翰·华盛顿生有三个儿子，其中劳伦斯·华盛顿就是乔治·华盛顿的祖父，劳伦斯的儿子奥古斯汀·华盛顿是乔治·华盛顿的父亲。1694年，奥古斯汀·华盛顿出生在布里奇斯庄园。由于他长得身材高大，皮肤白皙，大家都亲昵地称他为"格斯"。

奥古斯汀结过两次婚。1715年4月，他与威斯特摩兰县的凯莱布·巴特勒先生的女儿简·巴特勒小姐结婚。婚后，简生下4个孩子，其中只有劳伦斯和小奥古斯汀长大成人。1728年11月24日，简去世，埋葬在这个家族的墓地中。

简去世时，奥古斯汀正在英国做生意，直到1730年才回到家中。3月6日，奥古斯汀第二次结婚，新娘是鲍尔少校的女儿玛丽。据说玛丽是一位年轻美丽的姑娘，是北峡地区的美人。但由于玛丽3岁丧父，母亲不久改嫁，使她缺少父母之爱和系统的教育，因而虽文静贤淑，但却有些任性固执。

玛丽一共为奥古斯汀生了4个儿子和2个女儿。1732年2月22日上午10点钟左右，在布里奇斯溪庄园的老屋中，伴随着一声清脆的啼哭声，一个男婴诞生了。他是奥古斯汀与玛丽的第一个孩子，据父亲奥古斯汀讲，这个小生命一来到人世就不甘寂寞，先是发出一声洪亮的哭声，随后就睁开一双大眼睛，似乎在用那双清澈明亮的眼睛探寻着这个陌生的世界。

欣喜之余，奥古斯汀为儿子取名为乔治·华盛顿，以纪念玛丽的监护人乔治·艾斯克里奇律师。当时谁也不曾想到，就是这个稚嫩而弱小的乔治·华盛顿，43年之后就任北美13个州独立战争联军的总司令，53年之后竟然成为美利坚合众国的开国总统。

虽然布里奇斯溪庄园风光秀丽幽雅，但在乔治出生后不久，父亲奥古斯汀的生意便出现变故，一家人只好搬迁到附近的新居——弗雷农庄。这是一座老式的三层楼房，坐落在一个高地上，高地下面是一片草地。不远处，就是奔流不息的拉帕哈诺克河。

乔治在这里度过了他的童年时光。他经常趴在家中临河的窗口，俯瞰从大西洋彼岸驶来的船只顶风劈浪，逆着拉帕哈诺克河而上，前来弗雷德里克斯堡。他还常常到拉帕哈诺克河中钓鱼、游泳，在河边的草地上嬉戏，一切都是那么美好。

此后的几年，玛丽又陆续生下塞穆尔·华盛顿、约翰·奥古斯汀·华盛顿和查尔斯·华盛顿3个男孩，以及贝蒂和米尔德里德2个女儿，但米尔德里德在襁褓中就死去了。

乔治的母亲玛丽是个美丽端庄的女性，仪态优雅大方，但同时又具有刚毅的性格，深明事理，办事果断认真。正是母亲这种特殊的性格，使乔治从小养成了自信、自立、自强的信念和待人公道、处事严谨的作风。不过，由于她对孩子管束过分严厉，且态度粗暴，乔治与她的关系曾一度不够和睦。

（二）

光阴荏苒，一转眼乔治就到了上学的年龄。当时弗吉尼亚的学校很少，许多富裕的农家有一种风气，就是喜欢送儿子们到英国去留学，以便他们能够接受母国文化的熏陶，将来能出人头地。奥古斯汀·华盛顿就曾将年方15岁的长子劳伦斯送到英国读书。可以想象，他显然是将劳伦斯当成这个家族未来的家长了。

当时的乔治还处于幼年，于是就在附近最好的学堂里受到一些初步的教育。那时的民间都将这种学堂称为"老式学堂"，学堂很简陋，老师霍比先生是奥古斯汀的一个佃户。他所教都是一些最简单的科目，包括识字、写字、算术等，但乔治在家中受到他那修养极好的父亲在智力上和道德上的熏陶要更明显一些。

乔治大约七八岁的时候，他的哥哥劳伦斯从英国留学回来了。这时的劳伦斯已经成长为一个受过良好教育、学有所成的青年了。劳伦斯很疼爱乔治这个弟弟，对他可谓爱护备至，乔治所表现出来的智慧和正直的品德也赢得了劳伦斯的尊敬；而乔治则把富于男子气概的有涵养的哥哥看成是在学识和风度方面都值得自己学习的楷模。他们这种亲密的兄弟之情，对乔治今后的人生产生了极其重要的影响。

劳伦斯回国不久，因西班牙人在海上抢劫英国货轮，英国对其进行报复，在殖民地征兵成立了一支军队，与西班牙之间爆发了一次战争。弗吉尼亚备战的气氛忽然之间就甚嚣尘上，各个村庄都响起了鼓号之声。22岁的劳伦斯应征参加了英国海军，并谋得了一个上尉的职位。乔治亲自送哥哥登上战舰。

在这次战争中，英方的主帅是弗农海军上将，他率领舰队远征西印度群岛。劳伦斯所在的部队多次参加战役。在战斗中，劳伦斯表现英勇，多次立功，深得上司和战友们的器重和赞赏。

当消息传回弗吉尼亚的家中时，在小乔治的心中，哥哥简直就是个了不起的大英雄。从那以后，小乔治就喜欢和小伙伴们玩打仗的游戏，模仿各种军事操典。这些活动大大增强了他的体质，锻炼了他的军事体育技能。在学堂中，乔治的长跑、拳击、游泳等技能，都要比其他孩子技高一筹，因此他成了霍比学堂的"总司令"。

1742年秋，英西之战结束，军人们都纷纷返乡。弗农上将对劳伦斯的印象极好，曾主动表示要将他安排到海军部门供职，可谓前途无量。这也是劳伦斯一直梦寐以求的机会，可是在关键时刻接连发生了两件大事，让劳伦斯不得不放弃这一难得的机会。

一件事是劳伦斯爱上了费尔法克斯县的威廉·费尔法克斯先生的女儿安妮，并与她订了婚。他对这桩婚事很重视，自然无心远渡重洋求取功名了。

另外一件事是当劳伦斯与安妮准备结婚时，他的父亲奥古斯汀突患急症，腹内剧痛不已，不久就猝然离世，年仅49岁。这一天是1743年4月12日。

奥古斯汀去世后，留下了一大笔可观的遗产，劳伦斯分得了波托马克河两岸的庄园及其他不动产和铁厂的若干股份，次子奥古斯汀分得了威斯特摩兰县的老房子和庄园。玛丽所生的子女也都各获所得，乔治成年后可以获得拉帕哈诺克河畔的房产和土地。这年，乔治才11岁。

7月，劳伦斯与安妮小姐举行了婚礼，从此完全断了到国外服役的念头，在庄园里定居下来。他将自己分得的波托马克河两岸的庄园改名为弗农山庄，以纪念那位十分器重他的海军上将。

（三）

父亲去世后，劳伦斯对乔治更加爱护，虽然乔治当时已经转到布里奇斯溪庄园师从威廉斯先生，但劳伦斯还是经常邀请乔治到弗农山庄玩。乔治也很喜欢弗农山庄，因为在那里他可以听哥哥劳伦斯一个接一个地讲述紧张激烈的战争故事。

1747年秋，乔治正式搬到弗农山庄居住。从此，在弗农山庄的生活对他的一生产生了巨大的影响。

由于劳伦斯的关系，乔治在弗农山庄结识了威廉·费尔法克斯一家。费尔法克斯一家居住在一个名叫贝尔沃的美丽庄园，离弗农山庄仅隔数千米，同在波托马克河畔的一条树木苍郁的山岭上。

劳伦斯的岳父威廉·费尔法克斯出生于英国约克郡的名门望族，受过良好的教育，知识广博，阅历丰富。他21岁时就从军征战，在东印度群岛和西印度群岛服役，功勋卓著。几年前，他来到弗吉尼亚定居，以便照应他的堂兄费尔法克斯勋爵的大片庄园。在贝尔沃，威廉·费尔法克斯仍然保持着他那副英国乡村绅士的气派。他的孩子们也都很聪明，一个个举止高雅，深有教养。

在与费尔法克斯一家的交往中，乔治渐渐养成了一些良好的习惯，学会了一些英国上流社会的道德理念、礼仪典章及温文尔雅的风度等。乔治出生于北美、成长于北美，一直生活在保留着原始野性的环境中。通过这些交往，他对欧洲的文明有了深刻的体验。

乔治还曾抄录过一本名为《待人接物行为准则》的小册子，其中共有110条准则，规定非常细致琐碎。例如，在与朋友交往时，每个动作都要表现出对面前伙伴的尊重；不要在别人面前哼小调唱歌；不要打探别人的私事；不要在餐桌上用桌布擦牙；等等。这本小册子说明，乔治·华盛顿从小就很严格地要求自己，注意自己的行为举止，讲究礼仪，具有强烈的道德观念。成年后，华盛顿甚至经常引用这些格言来教育自己的孩子们。

在弗农山庄居住期间，乔治一方面领受哥哥劳伦斯的教诲和熏陶，一方面继续在学校就读。这个时期，他对数学十分钟爱，同时又对另一门新的学科——土地测量学产生了浓厚的兴趣。当时的北美，经济正处于初期发展阶段，土地的开发使用在经济生活中占据十分重要的地位，因此土地测量便成了当时最为热门的应用学科之一。能成为一名土地测量员不仅有优厚的待遇，还颇受人尊重。

乔治的数学功底不错，学习又十分认真刻苦，因此很快就掌握了这门技术。在进行测量工作时，他还养成了认真细致和持之以恒的工作态度，不论工作多么艰苦，他都能从容不迫、有条不紊地完成工作。对此，哥哥劳伦斯惊喜地称赞他说：

"仅仅这一种精神，本身就能够创造出奇迹了！"

在与费尔法克斯一家的交往中，乔治逐渐得到了威廉·费尔法克斯爵士的赏识，并因此结识了威廉·费尔法克斯的堂兄托马斯·费尔法克斯勋爵一家，与他们结下了深厚的友谊。

这时的费尔法克斯勋爵已经年近花甲。他早年曾就读于牛津大学，具有广博的知识和经验，阅历十分丰富，曾进行过多次探险旅行，还从过军，担任过几年的地方官吏。晚年后，他到贝尔沃定居下来。

与费尔法克斯勋爵同住的，是他的长子乔治·威廉·费尔法克斯，以及他的新婚妻子。乔治·威廉·费尔法克斯曾在英国留学，1748年12月回到弗吉尼亚后，与汉普顿的凯里上校之女萨莉结婚，然后同父亲一起住在庄园。

这时的乔治还不满16岁，却比同龄的孩子早熟得多。他有着魁梧的身材、健壮的体格、富有男子汉的气魄和温文尔雅的风度，因此也赢得了不少女士的青睐。自然，乔治也春情萌动，开始坠入初恋的爱河。他爱上的第一位姑娘是被称为"佤地美人"的威斯特摩兰县的格兰姆斯小姐。据说乔治对她一见钟情，可格兰姆斯小姐却只将他看成一位小学生，而他自己又害羞腼腆，不善表达，结果他只能将这份真挚的感情埋在心里。

此后，他又爱上了乔治·威廉·费尔法克斯的妻妹凯莉。但是，一想到过去的失恋，他就没有了再次表达的勇气。

在爱情上屡遭失败，让乔治十分难过。不过很快他就发现，同费尔法克斯勋爵的交往可以更好地医治自己失恋的苦痛。勋爵喜欢猎狐，经常邀请乔治一起去狩猎，猎狐成了他们共同的爱好。

在猎狐过程中，勋爵发现乔治和他一样，有着娴熟的骑术，发现猎物后马上能快马加鞭冲上去，对猎物穷追不舍，因而很喜欢这个胆识过人的小伙子。

正是这种狩猎活动，培养了华盛顿跟踪追击的能力，并在以后的戎马生涯中得到了充分的发挥。同时也正因为他与费尔法克斯勋爵的情谊，令他在今后的人生道路上迈出了坚实的第一步。

第二章　三年的测量员生涯

要努力让你心中的那朵被称为良心的火花永不熄灭。当你的心灵感到满足，不再有所希求时，你就找到了真理。

——华盛顿

（一）

随着年龄的增长和视野的开阔，乔治·华盛顿逐渐对自己的生活现状产生了一丝忧虑。他觉得，自己目前的生活虽然比较快乐充实，但生活的空间太狭隘了，而且过于安逸悠闲，缺少令人渴望的刺激和冲动。华盛顿开始暗暗地考虑起自己的前途来。

开始时，华盛顿想像哥哥劳伦斯一样，去海军服役。他觉得海上生活虽然艰苦，但这种冒险的生活方式很适合自己的性格，同时还是一种不错的锻炼和挑战。哥哥劳伦斯也同意他这样做，他觉得：华盛顿头脑灵活，身体强健敏捷，还受过不错的教育，是一块当水兵的料，一定能在海军中成就一番事业。这不仅可以告慰天堂中的父亲，还能完成自己当年未竟的事业，弥补自己心中的遗憾。

因此，劳伦斯给他在海军中的老上级写了一封热情洋溢的推荐信，并和华盛顿一起设法做华盛顿的母亲玛丽的工作。

在劳伦斯的多次游说和华盛顿的央求下，玛丽也有点动心了。但她却没有马上表态，而是暗中进行了一番调查。经过权衡利弊，她觉得当一名水兵不仅收入微薄，还经常受长官的欺压，很难混出什么名堂。如果在家里本本分分地经营庄园，凭华盛顿的才华，全家人很容易就能过上富足的生活，所以她最后给出的结果是：

"不必自讨苦吃！"

面对母亲的反对，华盛顿很无奈。虽然他与母亲的关系不算和睦，但他却不愿意伤母亲的心。就这样，华盛顿的雄心壮志暂告搁浅，与机遇失之交臂。

母亲玛丽这一次的刚愎自用恰似歪打正着，改变了乔治·华盛顿整个人生的命运，扭转了他一生事业的轨迹。塞翁失马，焉知非福呢？

历史的玄妙也正在于此：一个机会失去了，另一个机会往往会不期而至。正是因为没有参加海军，华盛顿与另外的一次机会相遇了。这也是他与费尔法克斯勋爵的友谊所产生的一个重要结果。

费尔法克斯勋爵到弗吉尼亚定居有一个重要目的：他在弗吉尼亚所继承的领地中，有相当一部分位于兰岭以西的荒野中，那里大片的领土都尚未勘察测量，其中不少土地已被非法的"占地人"所占领，种上了农作物。因此，勋爵希望能雇请土地测量员对这些土地进行一番考察和测量，并登记造册，以便进行合理的开发和利用。

然而，这是一项十分困难和危险的工作，因为那里地形复杂，环境险恶，"占地人"又非常野蛮凶悍，还时常有武装的印第安人出现。在物色人选时，勋爵看中了他的猎伴华盛顿。他认为，华盛顿虽然年轻，但体格健壮，遇事英勇果断，且能吃苦耐劳。更重要的是，他看到过华盛顿在弗农山庄做的测量工作手册，对这位年轻人的测量技术深信不疑。虽然这时的华盛顿才只有16岁，但却是最佳的人选。

当勋爵向华盛顿提出这一要求后,华盛顿欣然接受。这不仅因为他本人对测量工作兴趣浓厚,还因为他想借机到神秘的西部去看看,那里对他简直有一种强大的诱惑。

1748年3月11日,弗吉尼亚虽然寒意犹存,但已经有了些许春的气息。大地开始复苏,起伏绵延的山岭上也渐渐有了绿色。刚满17岁的乔治·华盛顿在乔治·威廉·费尔法克斯的陪同下,骑马挎包,前往西部进行勘查。这一天,成了华盛顿独立生活的起点,也成为他通向伟人之路的开端。

(二)

华盛顿和乔治·威廉·费尔法克斯的第一站是费尔法克斯勋爵的管家(土地经管人)和耕种土地的黑奴在旷野中的住所,华盛顿称其为"勋爵的住所"。这个住所距离谢南多亚河很近,距离现今的温切斯特城所在地大约19千米。

华盛顿记有详细的日记。在日记中,他带着愉快的心情谈到了这一带的树木多么美丽,土地多么肥沃;还谈到他在谢南多亚河岸上穿过壮观的糖槭树灌木丛的情景。

他在谢南多亚河和波托马克河的汇流处上游不远的地方,从河谷底部开始测量,测量的范围沿着谢南多亚河河道延伸数千米。那里到处都是非法垦荒者和吃苦耐劳的先驱们开垦的小块土地,他们用最原始的耕作方法种植了大量的谷物、大麻和烟草等。但是,文明却没有进入这个河谷。在华盛顿的日记中,有一篇关于他某晚在垦荒者海特上尉家中过夜的记载,就足以说明这一点。

海特上尉家在温切斯特城附近。晚饭后,那里的大多数人都按照森林居民的习惯，围着篝火躺下来，华盛顿则被引入卧室。

忙活了一天后，华盛顿感到很疲惫，很快就脱下衣服准备睡觉。可是，他的床上只铺了一张草席，上面盖着一条爬满臭虫的破毯子。他在床上翻来覆去都睡不着，只好重新穿起衣服回到篝火边。

这是华盛顿第一次在旷野中的生活经历。从此后，再遇到类似的情况，他都宁愿在露天的篝火边睡觉，也不到那些拓荒者的屋子里过夜。

次日，华盛顿完成了此处的测量工作后，准备去波托马克河南岸的一条支流处测量。但当他们沿着河谷走到波托马克河时，天气忽然下起大雨，河水上涨，根本无法穿过。

等了几天后，河水依然没有退去，华盛顿只好找来一条独木舟，乘坐着渡到对面的马里兰境内，然后沿河而上。由于阴雨连绵，道路湿滑，华盛顿等人只能艰难地策马前行。据他的日记记载，他们走的道路是人畜走过的最糟糕的道路。最后，他们终于走到了克雷萨普上校的家中。在那里，由于狂风暴雨不断，他们又停留数日。

3月23日这天，云消雨停，华盛顿等人整理好行装准备启程。忽然，一队印第安人出现在他们面前，这引起了华盛顿极大的兴趣。

这是一支印第安人的战争宣传队，共有30人。他们的手里拿着带发的头皮，一副奇特的打扮。从来没有见过印第安人的华盛顿，用十分惊奇的目光打量着他们。为了表示友好，华盛顿还将自己的一壶酒拿出来送给他们喝，而印第安人则立即给予华盛顿热情的回报：跳起了奇怪的战争舞蹈。

他们很快就清理出一块场地，在中间点起篝火，然后武士们个个披挂戎装，严阵以待。先是一位貌似头领的人站出来演说一番，讲话一结束，武士们一个个都好似大梦初醒一般，一跃而起，在鹿皮鼓中表演一系列奇怪而富有战斗气息的复杂动作，同时还发出一阵阵阴森恐怖的叫喊声，令旁观者不寒而栗。

在过惯了边疆生活的华盛顿的同伴们看来，这些野蛮的嬉戏一点也不新奇。可对刚刚离开家园的华盛顿来说，一切都充满了新鲜感。他坐下来，满怀兴奋地看完了这场奇特的舞蹈，并在当天的日记中详细地作了描述。

这次野外测量的奇遇，使华盛顿对印第安人的性格有了初步了解，这也为他今后同印第安人的交往打下了基础。

一转眼，华盛顿在弗雷德里克县的荒凉山坡和波托马克河南岸已经度过了两个多星期。期间，他和伙伴们风餐露宿，常常靠猎取野火鸡等充饥，生活过得十分艰苦。每遇到暴风雨，他们留宿的帐篷都被掀翻，一个个淋得像落汤鸡一样。一次，华盛顿睡觉的草席还被篝火烧着了，幸好同伴及时提醒，才让他免受皮肉烧伤之苦。

在完成了土地测量之后，华盛顿一行离开波托马克河南侧的支流，返回家中。1748年4月12日，华盛顿回到弗农山庄。

随后，华盛顿便整理出一份土地测量报告书送交给费尔法克斯勋爵。勋爵对华盛顿在这次艰苦的野外作业中的表现和他提交的关于土地测量的报告书十分满意。不久，勋爵便越过兰岭，移居到华盛顿勘测历程的第一站。在那里，他建立了一座庄园和一幢名为"绿路园"的别墅。

与此同时，勋爵还向政府有关部门推荐华盛顿为正式的土地测量员。而首次的测量成功也让华盛顿这位初出茅庐的年轻人受到了很大的鼓励。他更加热爱土地测量工作，并希望自己能够在这方面发挥才华。

（三）

华盛顿担任了3年的政府土地测量员，这个职业也给他带来了丰厚的报酬。不过由于当时的政府测量员很少，需要测量的土地又广袤无垠，华盛顿在担任政府测量员期间工作十分忙碌。他经常需要翻越兰岭，深入到广袤而神奇的西部地区进行勘察测量。期间，他经常以天为被，以地为床，风餐露宿，在星光下、篝火旁度过一个个寂寞的长夜。

在测量途中，华盛顿经常路过费尔法克斯勋爵的绿路园，每次他都要到勋爵那里住两天。碰上狩猎的季节，他还会和勋爵一起骑马出去狩猎。勋爵见多识广，阅历丰富，经常会给华盛顿讲述欧洲上流社会的趣闻轶事。而且，勋爵还有着很高的文学造诣，过去同欧洲上流社会和欧洲最优秀的作家都有过来往。所以，对华盛顿这个涉世未深的年轻人来说，勋爵的话充满了趣味和教益。从华盛顿的日记中得知，他在绿路园小住期间，一直都在孜孜不倦地阅读勋爵推荐给他的一些有关英国历史的书籍和《旁观者》杂志上的一些文章。

由于华盛顿的测量技术高超，测量结果总是十分准确，而且待人诚恳公允，所以慕名前来的求助者甚多，这也给他带来了丰厚的收入。在通常情况下，他一个月的工资可达到100多英镑。照这样推算，他在3年内的工作收入是十分可观的。他用这笔钱给母亲建了一所新居，其余的钱大部分都用来购买土地。到1750年，华盛顿就购进了1500英亩的上等可耕地，这完全是他用自己的辛勤劳动换来的财富。这个不满20岁的小伙子，已经成为一名膏腴耕地有产者了。

正当华盛顿在弗吉尼亚西部进行艰苦的土地测量时，英法两国在美洲的争夺战日趋加剧了。由于1748年奥地利王位继承战争结束时签订的《亚亨和约》没有明确划定英法两国在北美洲的领地边界，从而为两国埋下了战争的种子。

双方争夺最激烈的地区是阿勒格尼山的西部，包括从大湖区到俄亥俄河流域。这里幅员辽阔，气候温和湿润，土地肥沃，交通便利。因此，英法两国都声称自己对这里拥有主权，战争一触即发。

这一地区对法国具有重要的战略意义，因为它是连接法国在加拿大和路易斯安那各属地的一个环节，法国在美洲的整个帝国安全都在于它能否守住此地。

同样，这个地区对英国也很重要，尤其是对于弗吉尼亚的种植园主和宾夕法尼亚商人。因为俄亥俄地区盛产皮毛，并有广大的耕地，弗吉尼亚和宾夕法尼亚商人都逐渐转向该地区发展。一些富有的种植园主，如李·费尔法克斯、纳尔逊、劳伦斯·华盛顿等人组成了俄亥俄公司，在弗吉尼亚皇家总督和伦敦商人约翰·韩伯利的支持下，该公司在1749年获得了英国政府的许可，并被赐予俄亥俄河两岸20万英亩的土地。如果7年内能在原土地基础上发展到100户殖民的话，可再获赠30万英亩。当俄亥俄公司正准备向被赐予的土地殖民时，法国人推进了这个地区。

此时，劳伦斯·华盛顿获得了一次极好的机遇。1750年11月，俄亥俄公司的主席托马斯·李因病去世，劳伦斯继任该职务，同时还担任民团副官长。为了让弟弟乔治·华盛顿在即将发生的战事中一展宏图，他将原本宁静安逸的弗农山庄变成了一所热闹的军事学校，并请与他一起参加过西印度群岛战役的朋友慕斯给华盛顿传授各种作战技术，指导他学习步枪操练，还请另外一位战友雅各布·范·布拉姆传授华盛顿剑术。

（四）

就在华盛顿与哥哥劳伦斯准备一起大展宏图干一番事业之时，一件不幸的事情发生了：刚刚上任的劳伦斯健康出现了问题，医生诊断他

15

患上了肺痨病。这在当时可是个不治之症。

华盛顿历来就与哥哥劳伦斯感情深厚，一听说哥哥患病后，他马上放下手里的工作，准备带哥哥外出休息疗养。1751年9月，华盛顿陪护哥哥来到了四季如春的西印度群岛巴巴多斯疗养。

在陪护哥哥劳伦斯疗养期间，华盛顿自己又不幸染上了天花。这也是一个要命的传染病，幸好华盛顿体质强健，在病了足足一个月后，才逐渐恢复过来，但从此他的脸上就留下了隐约的麻子点。

劳伦斯在西印度群岛的治疗并没什么起色，便又打算到更远的百慕大去疗养。这一次华盛顿没有跟哥哥一起去，而是单独返回了弗吉尼亚。

1752年1月，华盛顿从巴巴多斯回到弗吉尼亚后，听说新任的弗吉尼亚总督罗伯特·丁韦迪已就职，便凭着一股冲劲直接前往威廉斯堡，拜访了这位对他未来政治前途产生重要影响的人物，表示自己愿意投身军界，为弗吉尼亚的胜利贡献力量。丁韦迪先生亲自接见了这个年轻人，这也是他们一系列交往的开始。

6月10日，华盛顿听说弗吉尼亚一位民团副官因婚姻关系前往马里兰，决定抓住这个机会进入军界，实现自己少年时期的梦想。因此，他立即向丁韦迪总督写信自荐，希望能得到弗吉尼亚北峡地区任民团副官之职。

恰在此时，劳伦斯返回弗农山庄。原来，劳伦斯去百慕大后，本来打算在那里休养一年。如果病情有所好转，就待到痊愈再返回。可一段时间后，病情有增无减，这让他预感到死神已经降临，遂中断休养，于1752年6月16日返回弗农山庄。

6月20日，劳伦斯匆匆立下了一份遗嘱，由于他只有一个女儿，年龄尚幼，遗嘱中表示：如果女儿今后没有子嗣，弗农山庄及其他财产都由他的弟弟乔治·华盛顿继承。

　　同时，当他得知华盛顿意欲进入军界的要求后，立即给予支持，并利用自己作为一名弗吉尼亚民团副官的身份和影响，向军方当局推荐华盛顿。由此可见，劳伦斯对弟弟乔治·华盛顿的情谊之深重。

　　可惜的是，事情还未完结，7月26日，劳伦斯病故于弗农山庄，年仅34岁。

　　劳伦斯对华盛顿的人生道路产生的影响是不可估量的。他不仅给华盛顿留下了大笔的物质财富，更重要的是，他将自己的人生经验、军事知识和高贵的品质也都毫无保留地传授给了华盛顿，使他从一个北美荒野中土生土长的幼稚顽童成长为一个有才学、有抱负、前途无量的杰出青年。

　　另外，劳伦斯所获得的社会地位也为华盛顿日后跻身上流社会、进而成为殖民地社会名流打下了坚实的基础。劳伦斯生前是俄亥俄公司的股东，他去世后不久，其股份就转到华盛顿名下。

　　在劳伦斯去世后，弗吉尼亚行政当局遂决定接受华盛顿的请求，任命他为弗吉尼亚南区民团副官，负责整个詹姆斯河和北卡罗来纳边界之间的地区。

　　1753年2月2日，华盛顿正式宣誓就职。从此，华盛顿利用这些优越的条件和这个特殊的职位在军界崭露头角，开始了他漫长的军事生涯。

华盛顿用小斧头砍倒了父亲的一棵樱桃树。父亲见心爱的树被砍了，非常气愤，扬言要给那个砍树的一顿教训。而华盛顿在盛怒的父亲面前毫不避讳地承认了自己的错误，父亲被他的诚实深深地感动了，称华盛顿的诚实比所有的被砍的樱桃树都宝贵得多。

第三章　在军界崭露头角

> 我希望我将具有足够的坚韧性和美德，借以保持的所有称
> 号中，我认为最值得羡慕的称号是：一个诚实的人。
>
> ——华盛顿

（一）

1752年底到1753年初，英法两国在俄亥俄流域都加紧了行动。尤其是法国人行动更快，气焰也咄咄逼人。他们多次重申法国对俄亥俄地区享有绝对主权，并不断将前哨阵地沿俄亥俄河向前推进。

为扩大自己的势力，孤立打击英国人，法国人还派出许多冒险家当说客，挑唆印第安人站在法国人一边，采取敌视孤立英国的立场。对那些坚持亲英立场的印第安部落，法国人则采取野蛮的驱赶和屠杀政策。一时间，俄亥俄河畔狼烟四起，哀鸿遍野。

1752年底，有消息称：法国人正在筹划一次大行动，准备从路易斯安那至密西西比河沿岸建立一系列的军事哨所，将这一地区与加拿大连成一体，把英国人困死在阿勒格尼山中。1753年春，一支由1500名法军组成的军队在伊利湖南岸登陆，开始修筑据点，方向直指俄亥俄地区。

坏消息不断传到弗吉尼亚，丁韦迪总督坐卧不安。如果法军继续南下，俄亥俄地区就会落入法军手中，这不仅对英国在北美地区的殖

民扩张是个致命打击，对俄亥俄公司股东之一的丁韦迪总督来说也是个巨大损失。他决定向法军提出书面交涉，派一名特使向法军方面提出书面抗议，警告法国人不要鲁莽行事，给他们的冒险行为以当头棒喝。同时途中还要观察作战地形，刺探法国的兵力部署，尤其是要摸清法军后续支援部队的动向。

但是，派谁去完成这一重要使命呢？

这是一次重大而艰难的使命，事关和战大局，何况路途崇山峻岭，自然环境险恶，加之印第安人此时态度反复不定，稍有不慎就有生命之虞。前些时候曾派人去过法军司令部，结果使者慑于法军的阵势，还没到目的地就跑回来了。因此，使者必须具备胜任长途跋涉的强壮体格和头脑灵活、善于应变的本领，还要善于与野蛮的印第安人打交道。

华盛顿听到这个消息后，认为这是自己崭露头角、争取荣耀的绝好机会，因此决定写信向总督请缨前往。

当时的华盛顿还不到22岁，显然这个年轻人的勇气让丁韦迪总督既吃惊又佩服，因此他请华盛顿来到总督府，与他进行一席长谈，然后当即决定：授予乔治·华盛顿少校军衔，担任出使法国司令部的重任。

接受命令后，华盛顿聘请了向导、翻译、医生、顾问等随行助手6名，并做好了充足的物资准备，带了赠送给印第安人的礼品，购置了马匹、帐篷、食物、药品和日用品等。1753年11月15日，华盛顿一行7人从威廉斯堡启程，向法军驻地伊利湖进发，其间距离不少于1600千米。那时的北美交通闭塞，没有舟车之利，只能以马匹代步。

当时正值初冬季节，已经下起了雨夹雪，河流开始冰冻，沿途的艰辛可想而知。他们一路马不停蹄，经过弗雷特列克斯堡，翻越兰岭，穿过海拔1700米的大草原，走出暗藏危机的沼泽地带，几乎每前进一英里都要付出很大的代价。

11月23日，华盛顿等人行至阿勒格尼河畔。在这里，华盛顿逗留了半天，仔细观察了河流两岸的地形地貌，并用土地测量员和军人的眼光对该地形做了详细的分析和记录。华盛顿认为，这是法军南下的必经之路，也是英法两军未来必争的战略要地，同时也是阻止法军入侵的最佳设防点之一。只要占据这个制高点，法军就休想渡过阿勒格尼河。华盛顿的这一发现后来曾为英军的战略部署起到了重要作用。

当天晚上，他们到达了印第安人特拉华部落的一个部落中，拜访了该部落的酋长辛吉斯。经过艰苦的谈判，华盛顿终于说服辛吉斯接受了他的建议，一起前往罗格斯顿会见印第安人的"王中王"——亚王，共商防御法国人的大计。

11月24日晚，华盛顿一行来到罗格斯顿，碰巧亚王外出狩猎去了，他们便在罗格斯顿暂时住下来。

11月26日上午，华盛顿正在等亚王归来，忽然一群准备前往费城的法国逃兵进了村子。经过询问，华盛顿从他们口中得知，法国当局已派遣一支100人的队伍乘坐8艘满载粮食的小船从南方的新奥尔良沿密西西比河北上，向罗格斯顿推进，企图和从伊利湖南下的法军会合。目前法军已在新奥尔良和伊利诺斯之间建立多个据点，通过这些据点与大湖区保持联系。华盛顿立即将这些情报记录下来。

（二）

下午，亚王终于回来了，华盛顿立即带人正式拜访。经过短暂的交谈，华盛顿觉得亚王是一位精力旺盛、胆识过人且头脑敏捷的印第安首领，因此在印第安部落中享有很高的威望。

在会谈中，亚王采取了友好和积极合作的姿态，向华盛顿介绍了法军的最新情报，并拿出他亲自绘制的路线图，指明去法军据点的走向和最佳路线。从会谈中，华盛顿还掌握了一个重要信息：亚王与法国人之间有着刻骨的仇恨，因为法国人曾残忍地杀害了他的父亲。

第二天上午，华盛顿参加了印第安部落各酋长举行的议会。会上，他告诉酋长们，法国入侵俄亥俄地区，无论是印第安人还是英国人，都会受到侵害。因此，他希望印第安人能为他提供"最好的和最近的"行进路线，以便抵抗法军的入侵行为。同时，他还向酋长们献上了印第安人外交礼节中不可缺少的友好象征——一串珠贝。

华盛顿的诚恳态度打动了印第安酋长们，亚王最后代表俄亥俄印第安人三部族向华盛顿保证，他们将与英国人站在同一战线上，断绝与法国人的来往。亚王还安排三部落各派3名代表与华盛顿同行，一起北上前往法军据点维纳吉。

三天后，华盛顿在印第安代表的陪同下出发前往法军据点。一路上，天气十分寒冷，风雪交加，道路崎岖泥泞。幸好有印第安人引导，才避开了许多危险。直到12月4日，他们才到达维纳吉。

维纳吉是一座旧式的印第安人村镇，坐落在阿勒格尼河与法兰西溪的交汇处。刚到这里，华盛顿一眼就看到了高高飘扬在旗杆上的法国国旗。他顾不上休息，立即来到法军据点，但令他失望的是，出现在他面前的是3位喝得醉醺醺的法国军官。没办法谈判，华盛顿只能等待。

12月7日，法军才派出3名士兵护送华盛顿一行前往伊利湖以南24千米的法军司令部柏夫堡。直至11日晚，他们才抵达目的地。

可是，由于法军指挥官外出未归，法国方面的接待人员不能对华盛顿带来的信函给予答复，所以华盛顿等人只得继续留在这里等候。这让华盛顿感到很烦躁，可转念一想：这不正是侦察敌情的好机会吗？

于是，他不动声色地暗暗对柏夫堡的情况进行了一番周密的侦察。柏夫堡地形复杂，背靠大山，三面环河，易守难攻。堡的四周还建有4排牢固的房屋，构成了坚实的外围。堡上到处都是射击孔，炮手和枪手在那里严阵以待。堡内设施齐全，除作战阵地外，还有医疗室、军械库等。

三天后，法国指挥官回到柏夫堡，正式会见了华盛顿。双方都阐明了各自的立场，法军表示法国对俄亥俄地区拥有绝对主权，而华盛顿也阐明了英国当局的立场，但彼此都是命令的执行者，无权做出决策。华盛顿以非常尊敬的口气要求法国指挥官给予回函，在复信中，法国指挥官的口吻也客气了许多，委婉地表示会将丁韦迪总督的信件转交给他的上司。最后，双方友好地握手告别。

向法国人顺利地递交完文书后，华盛顿怀着喜悦的心情踏上归途。然而，天气突然变得恶劣起来，狂风骤起，大雪断道，他们花了整整6天时间才返回维纳吉，可马匹一路上已经全部冻坏了，不能再继续使用。无奈之下，他们只能徒步在齐腰深的雪地里走了数百千米返回故里。

1754年元旦，华盛顿越过兰岭。1月16日，经过一路的艰难险阻，华盛顿一行终于返回威廉斯堡，将法方的复函面交丁韦迪总督。此时，离华盛顿出发之日已经过去两个半月之久了。

（三）

丁韦迪总督在看到华盛顿带回的法方回函后得出结论：英法之间的武力冲突已是势在必然。他马上命令华盛顿就这次旅程中的所见所闻起草一份书面报告，提交弗吉尼亚行政委员会讨论。华盛顿根据自己的日记见闻整理出一份7000字的"旅途报告"。该报告后被丁韦迪总督以《俄亥俄日志》之名正式出版，并呈送给伦敦英国政府。

根据华盛顿提供的情报，丁韦迪总督和其他行政委员深信，法军准备在1754年春季沿俄亥俄河顺流而下，以军事手段占领俄亥俄地区。于是，丁韦迪总督决定以武力手段来应对法国人的举动。他迅速派威廉·特伦特上尉赶往边疆，招募100名新兵建立连队，然后全速赶往俄亥俄河岔口，以最快的速度完成俄亥俄公司在那里修筑的碉堡；又派华盛顿到亚历山德里亚招募新兵，建立连队，为俄亥俄岔口的碉堡采购和运送军火及补给，并担任两个连队的指挥官。

华盛顿在接受使命后，兴冲冲地前往亚历山德里亚，在那里设立了总部，开始招兵买马，可募兵工作却进行得并不顺利。

北美殖民地的民团是招募志愿人员，有钱人不愿当兵，农民也不愿当兵，当兵的大多是些无业游民或无家可归之人，图的也是吃饭和报酬。结果一周后，华盛顿只招到了25人。

华盛顿明白了其中缘由，唯一的解决方法就是要求当局提高士兵待遇，通过物质利益的诱惑才能募集到兵员。这时前方恰好又有消息传来，称一支装备精良的法国军队正向有争议的地区开进。丁韦迪总督无奈，只好宣布：俄亥俄地区20万英亩的土地将分配给参加远征军的军官和士兵们，同时还免除他们15年的租税，每天发给全体官兵15磅烟草作为津贴。

重赏之下，必有勇夫，何况那20万英亩的土地奖赏只有赶走法国军队才能兑现，于是许多农家子弟纷纷报名参军，华盛顿的队伍迅速壮大起来。

正当华盛顿紧锣密鼓地进行军事准备时，紧急的军情一个接一个地从俄亥俄地区传来，400名法军正向俄亥俄地区进攻，形势十分严峻。丁韦迪总督决定立即采取军事行动。他将募集来的300名新兵分为6个连队，并将总指挥的重任交给一个英国绅士乔舒亚·弗莱伊上校。

3月20日，丁韦迪总督又写信通知华盛顿，正式任命华盛顿为这支新部队的副总指挥，领陆军中校衔。丁韦迪总督告诉华盛顿，法国人即将进入俄亥俄地区，他必须先率领兵员携带大炮和军用物资先行一步，前往俄亥俄地区，费来伊上校将率领余部随后赶到。一种神圣的荣誉感和谋取功名的激情，让华盛顿大喜过望。他当即表示：要为国家和国王效忠尽责，以无愧于总督对自己的厚望。

1754年4月2日，华盛顿亲自率领两个连共120名兵员从亚历山德里亚出发，前往俄亥俄岔口的新堡垒。虽然华盛顿还没有亲身经历过战斗，但他从兵书中得知，胜败的关键在于时间和速度，他必须抢在法军之前到达岔口地区，迟了就会陷于被动，丢掉岔口就可能丢掉俄亥俄地区。因此他带领军队日夜兼程，与法军展开时间和速度的竞赛。

经过艰难的长途跋涉，华盛顿的部队在第十天终于到达温切斯特。在这里，他继续招兵买马，扩大部队人数，但作为当时最重要运输工具的马车却迟迟不能征集到，这让华盛顿十分着急。最后，他不得不援用弗吉尼亚的《民兵法》征用马匹和车辆，给马匹和车辆的所有人发放证明书，持此证明书可向政府获得补偿。即便这样，一星期后他们也才征到了10辆马车。而且，这10辆马车的马匹都年老体衰，通过陡峭的隘口时根本拉不动车，还要士兵们一起推。

4月18日，部队匆忙地从温切斯特上路，继续向西进发。虽然华盛顿一路上百般催促，可速度根本快不起来。

4月22日，华盛顿正在威尔斯溪等候车辆，驻守俄亥俄河岔口地区的一名英军少尉匆匆来到华盛顿的驻地，称法军已经控制了俄亥俄河岔口地区。

华盛顿闻讯后立即召开了一次军事会议，决定继续推进到红石溪口俄亥俄公司的货栈，建立工事，等待援军。在那里，他可以严密地监视敌军，及时了解对方的动态。因此，他派出了一支60人组成的先头部队前去红石溪拓宽道路，以便后续炮兵部队赶到增援。

4月29日，华盛顿率领160人从威尔斯溪出发，很快就赶上了先前修路的部队。他很懂得在艰难时刻与部下同甘共苦的必要性，因此放下指挥官的架子，冒着连绵阴雨，与士兵们一起开山修路，一起踩着泥泞急速行军。

然而，由于阴雨不断，修路工程进展十分缓慢，即使全体官兵都出动，每天也只能推进约6.4千米。直到5月9日，华盛顿的部队才开到距威尔斯溪约32千米的一个名叫"小草地"的地方。

（四）

就在华盛顿率领部队千辛万苦地穿山修路时，令人鼓舞的消息一个个传来了：乔舒亚·弗莱伊上校已率100多人到达温切斯特；北卡罗来纳已派出350人前来增援；新英格兰开始派兵前往加拿大牵制法军；印第安人首领亚王正率领5名勇士前来与华盛顿会面。5月17日，丁韦迪总督又从威廉斯堡来信通知华盛顿，称从南卡罗莱纳来的两支英军正规军队已到达弗吉尼亚，从纽约出发的两支英军正规军连队也将在不日内从水路抵达。

5月24日，华盛顿部队行至一个名叫"大草原"的地方，挖掘战壕，准备与法军交火。这时亚王派人送来消息，说法国的兵力大约有800人，其中一支约400人的部队正向华盛顿所部开进。

第二天，曾与华盛顿一同出使送抗议书的吉斯特先生也从附近的居民区赶来，称在他周围地区的法军侦查小分队活动猖獗，但暂时还没有查明英军的准确位置。

华盛顿基本掌握了敌情，他马上做出决断：虽然敌强我弱，但出其不意地突然袭击，吃掉一部分也是有可能的。他与亚王商量作战方案，要求印第安部落给予配合。于是，华盛顿部队制定了一个向法国人发起突然袭击的协同作战方案：华盛顿与他的部队从右侧，亚王和他的手下人从左侧，一起向敌人发起突袭。

一切安排妥当后，英军于早晨7点左右行至法军营地，将其团团围住。华盛顿身先士卒，率领士兵从岩石后和树林中向前推进。法军发现英军突袭，惊慌失措地开枪抵抗。华盛顿和他的部下处于最暴露的位置，敌人的火力全部集中在他们周围，子弹从他们的身边呼啸而过。

双方经过大约15分钟的对射后，法军终于坚持不住，最后溃败。在这次战斗中，法军死亡10人，伤1人，被俘21人，仅1人侥幸逃脱；而华盛顿的手下仅1人阵亡，3人受伤。在被俘的法军当中，有所谓的法军"外交使者"——实际上是个间谍——拉夫斯。

同时，英军还从击毙的法军指挥官朱蒙维尔身上搜到一份文件，表明这支法军的是一支间谍部队，其主要任务是搜集情报，侦察波托马克河畔地区的道路、河流和其他地形情况，刺杀亲英的印第安部落酋长等。它的危险性，要远远超过1支作战部队。

这也是华盛顿生平第一次参加战斗，他真切地听到了子弹从耳边嗖嗖飞过的声音，目睹了敌人和战友在自己身边流血倒下的场景，他经受住了战争的残酷考验。

这也是华盛顿生平指挥的第一场战事，从战役的决策、组织到现场指挥，全都是他一个人的杰作，他的卓越军事才能也首次得以施展，并为官兵们所认识。

在荒芜遥远的北美洲腹地打了这样一场小规模的袭击战，出乎意料地竟然产生了轰动世界的效应，欧洲和北美的许多报纸都纷纷对其作了报道。敏感的新闻界意识到，这场总兵力不超过100人的15分钟战斗，很可能成为英法两霸全面大战的序幕。于是，小小民团中校华盛顿的名字一时间也成为报纸上的热点，声名鹊起。

对一个年仅22岁的年轻人来说，荣誉似乎来得太早了一些，胜利当中也往往隐藏着失败，成功之后也可能充满了挫折。

华盛顿有一位年轻的秘书，有一天早晨，这位秘书来迟了，发现华盛顿正在等他，感到很内疚，就说他的表出了毛病。华盛顿平静地说："恐怕你要换一只表了，否则我就要换一位秘书了。"

第四章　兵败困苦堡

　　自己不能胜任的事，切勿轻易答应别人；既经允诺，就必
须实现自己的诺言。

——华盛顿

（一）

　　在这次战役胜利后，华盛顿并没有陶醉在胜利的喜悦当中。从情报
得知，法军至少部署了1000名士兵向华盛顿驻地移动。华盛顿赶紧设法
加强防备，并派出快使到威尔斯溪，要求当时正卧病在床的弗莱伊上校
立即增设援军。同时，他还向丁韦迪总督告急，请求人力物力增援。

　　奇怪的是，法军并没有马上发起攻击。华盛顿严阵以待，敌人却
迟迟不来，这让他反而有些忐忑不安了。由于法军久候不至，华盛顿
的部队在固守待援中渐渐出现了粮荒，有一次竟然6天没看到面粉。接
着，威尔斯溪又传来坏消息：总指挥弗莱伊上校因病去世了。

　　1754年6月4日，丁韦迪总督致函华盛顿，正式通知他晋升为上校军
衔，弗莱伊所部的100多人马都归他指挥。就这样，年仅22岁的华盛顿
成为这支军队的总指挥，他觉得自己肩上的担子更重了。

不过在接任总指挥后，华盛顿的工作有了主动权，他马上按照自己的构想对部队进行了全面整顿。

首先，他对军事人员进行了调整，换掉了几个不服从命令或表现不佳的军官，大力表彰了一批在战斗中表现优异的士兵，并将他们提拔到重要岗位上。例如，他将立有战功的亚当·斯蒂芬上尉擢升为少校，并委以重任。这一举措在部队中引起了不小的反响，激发了战士们的战斗积极性，提高了部队的士气。

其次，他还组织部队对营地内的军事工事进行扩建巩固，在很短时间内建起了一座结构坚固、功能齐全的碉堡。由于建堡工作十分艰难，士兵们苦不堪言，就给碉堡取了一个"困苦堡"的名字。

不久后，弗莱伊所率领的旧部从威尔斯溪开来，华盛顿对其又进行了重新编制。弗莱伊旧部中的随军军医是詹姆斯·克雷克先生，华盛顿与他一见如故，此后这位军医成为华盛顿终生最亲密的朋友之一。

不过，最令华盛顿头疼的一件事就是独立连的到来。在独立连还未来之前，丁韦迪总督就写信通知华盛顿：麦凯上尉率领的一个独立连很快将从南卡罗来纳到达华盛顿驻地，提醒他要给予独立连"特别的尊重"，以免引起不快。这种独立连原由英属北美各殖民地总督建立起来，由英王付给俸禄，军官皆由国王直接任命，因而个个心高气傲，根本不把地方的民团放在眼里。

华盛顿清楚丁韦迪总督"提醒"的含义，其实就是暗示独立连可以不听从华盛顿的指挥，这让华盛顿很不快。独立连的指挥官麦凯先生军衔不过是一员上尉，职别比华盛顿低了三级，怎样对他进行"特别的尊重"呢？说得直白一点儿，如果真打起仗来，到底是谁指挥谁？这不是争夺名利的问题，若不明确，打起仗来后果将不堪设想。

尽管心中不悦，但华盛顿还是很礼貌地迎来了独立连。麦凯上尉给华盛顿的第一印象很不错，显得很有教养，谈吐温文尔雅，颇有绅士风度。可一接触具体问题，矛盾就出现了。第二天，华盛顿按常规派副官送去部队的口令和暗号，麦凯上尉就摆起了"中央军"的架子，表示要另建营地，自定口令暗号。还态度傲慢地声称：殖民地总督无权任命一个军官来指挥英王陛下亲自委任的上尉！

华盛顿虽然十分愤怒，但为大局着想，他强压怒火，雍容大度地采取了息事宁人的态度，从而避免了事态的进一步恶化。

（二）

在接任总指挥官之后，华盛顿召开了一次军事会议，对局势的变化进行了分析，最后决定：在加强营地和后勤建设、巩固英印联盟的同时，继续向红石溪进军，争取在那里驻扎下来，为下一步夺回俄亥俄河口地区做好准备。

为此，他还特意派出一支先头部队向红石溪方向迂回行进，沿途勘察地形，搜集情报。华盛顿则率主力部队随后，一面修路一面前进。但独立连不愿意参加修路工作，华盛顿只好让他们在营地留守。

6月10日，侦查员带回情报，称有9名法军正朝困苦堡方向而来。神经一直处于高度紧张状态的华盛顿误将9名听成了90名，因此立即让慕斯少校留守困苦堡，自己带领150名精锐士兵前往迎敌。结果令华盛顿大失所望，90名法国士兵竟然变成了9名逃兵！

不过也不是毫无收获，从这几名法国逃兵口中，华盛顿获得了一个可靠的情报：俄亥俄河岔口地区的堡垒已修好，并被命名为迪凯纳堡。目前堡内有500名守军，两周后可能有900人到来。

华盛顿立即命令部队就地修筑战壕，并派人通知先头部队和独立连火速赶来会合。第二天早晨，三支人马全部到齐，华盛顿主持召开会议，最终决定：部队立即撤回困苦堡，利用那里的防御工事迎头痛击法军。

7月1日，华盛顿率领部队终于返回困苦堡，但这时队伍中却出现了分歧：一部分人主张继续撤退，以拉大与法军的距离；但华盛顿看着一个个筋疲力竭、劳累不堪的士兵，认为继续长途撤退只能自己拖垮自己，他决定留在困苦堡，一边修筑工事，一边等待援军。

就在华盛顿紧张地为战事准备时，他的印第安人盟友却不辞而别了，这一下打乱了华盛顿的整个战斗部署。印第安人之所以离开，一是因为当时法强英弱的形势已很明显，印第安人对他们的盟友失去了信心；另一原因据说是华盛顿对印第安人不够尊重，亚王对华盛顿的某些做法不满，认为华盛顿"缺乏经验"，只知道"鲁莽蛮干"。

印第安人一离开，华盛顿的兵力就更弱了。就在华盛顿还没重新配置好兵力时，法军的主力部队已经开来了。7月3日清晨，法军大举出动，近千名士兵将困苦堡围得水泄不通。华盛顿急忙下令：所有能作战的300名士兵全部进入战壕，对敌人猛烈开火。

不久，大雨倾盆而下，本已筋疲力竭的英军士兵经不起几个小时的雨淋水泡，纷纷丧失了战斗意志，而且许多弹药也因受潮无法使用。但法军由于没有工事掩护，伤亡损失也很惨重。

晚上8点多，法军派人传话，建议英方派人前去谈判，起初华盛顿拒绝了。但看到阵亡者的遗体和大量的伤员，突围已经不可能，继续战斗下去结果可能全军覆没。

经过商议，华盛顿派出通晓法语的范·布雷姆等三人前往谈判。双方经过讨价还价，华盛顿终于在7月3日午夜秉烛签署了"投降协定"。协定内容包括：英军全部撤出困苦堡，并保证一年内不得再到法国国王的领土上修筑任何建筑物；英方必须留下两名上尉军官作为人质，直至英方将上次战役中俘虏的21名法国军人释放为止；英军在撤退时，可以带走除大炮以外的军用物资。

7月4日上午，华盛顿留下范·布雷姆上尉和斯托波上尉充当人质，然后率领残部撤出困苦堡。前不久还沉浸在大草原战役胜利的喜悦之中的年轻上校，很快就坠入了失败的羞辱和痛苦之中。

这次战役的失败，从反面给华盛顿上了极其重要的一课，让他学会了怎样正确面对挫折。后来在独立战争初期屡战屡败的困境中，华盛顿都毫不灰心失望，而是屡败屡战，直至胜利。

（三）

从1753年10月奉命出征俄亥俄，到1754年7月困苦堡战败返回，华盛顿有10个月的时间都处于高度紧张的斗争之中，心力交瘁。尤其是1754年11月，英国政府颁布了一条新条例：英王在北美总司令所委任的军官，其地位应在殖民地总督所委任的军官之上；地方部队军官在与英王委任的军官一起共事时，不以军阶论高低。

从表面看，英国当局颁布这个条例是为了消除正规军与地方部队之间在指挥权问题上的矛盾，但事实上，这是出于英国人狭隘的民族优越感和对殖民地的蔑视态度。因此，这一政策的出台极大地损伤了北美人民的尊严和他们对母国的爱戴之情。华盛顿也感到自己的自尊心受到了打击，一怒之下，他辞去了军职，从威廉斯堡回到家乡，过起了隐居生活。

华盛顿在乡下埋头经营庄稼、不问政事的时候，他的大名已经引起大西洋两岸的热切关注了，他也成了国际瞩目的新闻人物。

原来，在英法两个回合的战役中，彼此各胜一局，打成了平手，但双方都不愿握手言和，而是蓄意扩大事态，准备再次挑起争端。因此，英国舆论界不仅没有因华盛顿打了败仗而责难他，反而还将他大大吹捧了一番。弗吉尼亚报纸也欢迎华盛顿的安全归来，并称"我们勇敢的军人依然活着回来，继续为他的国王和祖国效劳"。

令人难以置信的是，法国也大肆宣传华盛顿，只是角度有所不同，他们力图通过宣传华盛顿，将英国刻画成一个阴险狡诈的侵略者。英吉利海峡对岸的法国报刊发表了部分华盛顿失落在困苦堡的私人日记，着重渲染华盛顿伪装使者刺探军情、收买挑拨印第安人，企图占领俄亥俄地区云云。

在双方的对骂声中，华盛顿很快就成了闻名于大西洋两岸的新闻人物。但这个时候人们还没想到，20年以后，也是这位名不见经传的华盛顿上校，扛起了北美人民反英独立革命的大旗。

1755年春，刚刚平静了一个冬天的北美大地再一次燃起了战争的硝烟。英国政府鉴于英军在困苦堡的失利，大片殖民地有落入法国手中的危险，遂将注意力转移到北美，决定在北美采取大规模军事行动，以控制更多的北美殖民土地，从而彻底击溃自己的对手法国，登上世界殖民霸主的宝座。

为了实现这一目标，英国政府动用了最精锐的作战部队，组成了赴北美远征军，并任命年近六旬的爱德华·布雷多克少将为最高指挥官，作战目标是收复被法军抢占的俄亥俄河交汇岔口的"迪凯纳堡"。

1755年2月，布雷多克将军到达弗吉尼亚，然后前往威廉斯堡，会见丁韦迪总督，随同布雷多克将军来到的是两个团的英国正规军，有1000多人。不久，大军就集结在亚历山德里亚，准备从这里出发，进攻迪凯纳堡。

就在这时，有人将华盛顿推荐给布雷多克将军，而布雷多克对华盛顿的为人和才干也早有耳闻，且华盛顿对边疆地区很熟悉，有在那里作战的经验，于是马上派助手给华盛顿写了一封信，邀请他来自己的参谋部工作。

这封信正合华盛顿的心意，虽然他已辞去军职回庄园务农，可他并非真的要离开军界；相反，他十分渴望能重返军界，到战场上大显身手。所以在收到布雷多克将军的信后，他马上表示愿意以志愿军的身份加入远征军。

既然是以志愿军的身份加入，那就意味着华盛顿既没有薪俸也没有实权，但他并不介意，他认为自己的选择是明智的。他想到一个组织严密、纪律严明的大兵团中工作，以便获得丰富的军事经验，这对自己的军事前途是大有裨益的。

（四）

4月20日，布雷多克将军率领部队从亚历山德里亚出发了。5月10日，将军任命华盛顿为上校副官。随即，大军取道温切斯特向威尔斯溪进发。

然而，随着部队深入俄亥俄河流域内地，他们逐渐遇到了一系列的麻烦。华盛顿认为，尽管布雷多克比自己作战经验丰富，但他对北美的特殊环境缺乏了解，而自己作为一名参谋人员，有责任向上级介绍情况。可是，当华盛顿向布雷多克坦陈自己的建议时，却遭到了布雷多克的否定和批评。

在行军路上，华盛顿见部队的运输工作极为繁重，可是军用物资中却夹杂着大量与作战无关的私人物品，有些物品仅仅为了满足军官们奢侈豪华生活的需要，他再次面陈布雷多克，建议应将这些与作战无关的物品清理掉，保证部队能轻装简行，但布雷多克对此都不置可否。

在对待印第安人的态度上，布雷多克将军也表现得过于高傲自大。华盛顿一再告诫布雷多克，应对印第安人笼络安抚，争取他们的支持援助，但布雷多克生来厌恶印第安人，自然也不会接受华盛顿的告诫了。

不久，部队又遇到了粮草问题，致使后勤补给不继，前方敌情不明，沿途还不断遭到印第安人骚扰，行进十分困难。无奈之下，布雷多克准备向华盛顿征询意见。不巧的是，华盛顿突然病倒了，而且病得卧床不起，不能理事。

7月9日中午，部队渡过了莫诺加希尔河，来到一片丛林地带。华盛顿见这里地形险恶，顿生疑窦，建议布雷多克马上派人侦察附近情况，以防不测，但又遭到布雷多克拒绝。

下午2点左右，前方突然响起密集的枪声，华盛顿最担心的事情终于发生了——敌人发起了突然袭击。

在看不见的敌人的攻击之下，英军整个部队顿时崩溃了，纷纷后撤。华盛顿根据自己的经验告诫布雷多克，应将部队分散开，利用地形和树木的掩护与敌人对峙，但布雷多克坚决反对，结果密集的队形全部暴露在敌人的火力面前，成了敌人射击的活靶子，死伤严重。

尽管如此，英军的表现还是十分英勇，没有一个人临阵脱逃，布雷多克将军也表现出了无畏的气概。他身中数枪，坐骑被打死了5匹，仍然坚持指挥战斗，直至一颗子弹穿透他的右臂进入肺部，他才被部下强行抬下战场。3天后，这位纪律严明、英勇无畏，然而却过于刻板的老将军终因伤势过重身亡。

令人意外的是，事后查明，前来狙击英军的法国部队竟然只有300人，且伤亡不到70人！而英军竟然伤亡700人以上。因此许多史学家都认为，这是一场"不幸和不可思议的失败"。

布雷多克的远征以失败告终，华盛顿怀抱希望而去却充满失望而归。7月26日，他拖着因病而虚弱疲惫的身体回到弗农山庄，在家中休养。

华盛顿投身军事生涯已经3年多了，曾几次与英国正规军并肩作战，在此过程中，他经受了战争的考验，积累了不少军事知识，也了解了英军的作战方式；同时，他也饱尝了失败的痛苦，以及受殖民压迫和歧视的耻辱，在心底埋下了不满和怨恨的种子。

另外，他还清楚地看到了英国军队和军官们的失误和弱点，从而破除了以往对英军的崇拜和迷信，建立起了坚定的自信心。

正是在这种苦难的煎熬和战斗的磨砺中，一颗耀眼的新星在北美大地冉冉升起。历史的辩证法证明，英国当局在北美进行殖民压迫和殖民争霸过程中，必然要为他们殖民统治的覆灭撒下一颗颗不熄的火种。

第五章　弗农山庄的短暂平静

衡量朋友的真正标准是行为而不是言语；那些表面上说尽好话的人实际上离这个标准正远。

——华盛顿

（一）

法国在击溃了超过自己5倍兵力的英军后，更加得寸进尺地向弗吉尼亚纵深进犯，不断扩大自己的势力范围。这样一来，住在西部的英国移民可遭了殃，经常遭到法国小部队带领的印第安人的骚扰，有的甚至全家都被杀绝了。边民们处于惊恐无助的悲惨境地，不少人纷纷举家东迁，弗吉尼亚西部边境又告危急。

布雷多克的远征军失败后，英国军方一时心灰意冷，将弗吉尼亚西部地区拱手让给了法国人和印第安人，从而令弗吉尼亚新开拓的边疆地区，即阿勒格尼山与兰岭之间的谢南多尔河谷地区完全处于没有保护的境地。不过，在这一带定居的居民却担心法国人和印第安人突然到来，因此纷纷要求成立民兵组织，保卫边疆地区的安全。

在大敌当前的形势下，丁韦迪总督于1755年8月4日召开弗吉尼亚议会，最后决定拨款4万英镑，建立一支由1000人组成的弗吉尼亚民团。

8月14日，弗吉尼亚当局发出委任状，命令由华盛顿出任弗吉尼亚已经建立和即将建立的整个部队的总指挥官。

华盛顿担任这个职务大约有两年的时间，其间除了回家探亲一次外，所有时间都是在西部荒蛮的地区度过的，率领这支临时组建的小分队，保卫着漫长而充满危险的边境线。

西部边疆的形势一向复杂，险象环生，法国人一直虎视眈眈，几支精锐的先遣部队已深入到弗吉尼亚境内，滥杀无辜，抢占战略要地。而华盛顿的部队大多都是新招募来的兵员，人数少，装备差，懂军事的军官更是少得可怜。

这些还不算最令人烦恼的，最让人头疼的是部队的后勤补给毫无保障，与后方通讯联系十分困难，这也让华盛顿的部队时常陷入意想不到的窘境中。可以说，华盛顿的部队几乎完全在一种危机四伏的恶劣环境中孤军作战，稍有不慎，就可能全军覆没。在这种毫无依靠的情况下，华盛顿只能最大限度地发挥自己的聪明才智，充分调动起全部兵员的战斗热情和献身精神，全力以赴地进行战斗，守卫住边疆的领土。

更让华盛顿不开心的是，自从他任职以来，丁韦迪总督对他的态度发生的变化，再也不像以前那样为他着想了。对于华盛顿的一些重要建议，如修筑堡垒、加强防卫力量等，或不予理睬，或拖着不办。因为丁韦迪是个气量狭小的人，他本来是打算派自己的亲信英尼斯上校担任部队总指挥官的，但后来迫于舆论压力，才不得不任命华盛顿。自此，他对华盛顿便耿耿于怀。

以上情况让驻守在边疆的华盛顿心情极其沉重、悲观，认为"前途布满阴霾，看不到光明的迹象"。心情抑郁，加之生活艰苦，长期操劳过重，致使华盛顿重病缠身。1757年底，他不得不放下工作，回到弗农山庄养病。

但是，新的一年给华盛顿带来了新的光明前景：1758年，他的健康状况有所好转，而丁韦迪总督也于这年年初离职回国，弗朗西斯·弗基尔先生担任弗吉尼亚总督。在他到任前，总督暂由行政委员会主席约翰·布莱尔先生代理。布莱尔是华盛顿的朋友，一贯赏识华盛顿的为人和工作，并乐于听取他的意见。这让华盛顿重新燃起了希望。

接着，令人鼓舞的新形势再次出现了，英国政府在威廉·皮特的主持下，准备在美洲展开大规模对法战争，其中的战斗任务也包括进攻迪凯纳堡。华盛顿也参加了攻打迪凯纳堡的战斗。

到金秋时节，法军因连连战败而从迪凯纳堡撤军，要塞也被付之一炬。为了纪念英国首相威廉·皮特，迪凯纳堡要塞被改名为皮特堡。后来，这座要塞发展成为一座内陆城市，并正式改名为匹兹堡，如今仍是美国最大的内陆城市之一。

攻克迪凯纳堡后，华盛顿认为弗吉尼亚西部边疆的安全问题已经得到保障，他决定退出军界，结束动荡不定的军旅生活，返回清新宁静的家乡。1758年底，华盛顿辞去军职，回到弗农山庄。

（二）

华盛顿此次辞职返乡还有一个重要的打算，那就是结婚成家。青年时代的华盛顿身材高大，仪表堂堂，而且声名显赫，身家不菲，但却总是情场失意。后来华盛顿对自己做过冷静的分析，认为主观原因是自己在女性面前羞涩寡言，不善于表现自己；客观原因则是军务繁忙，长年奔波在西部荒原地区，极少有接触女性的机会。

1758年，正在华盛顿准备配合福布斯将军攻打迪凯纳堡时，一位美丽温柔的女性闯进了他的情感世界。这位女性就是26岁的寡妇玛莎·丹德里奇·卡斯蒂斯夫人，弗吉尼亚名门望族约翰·丹德里奇先生的女儿。她的丈夫丹尼尔·帕尔·卡斯蒂斯已经在3年前去世了，给她留下了一大宗遗产和一儿一女。玛莎身材娇小可爱，容貌秀丽，带着南方女性的温柔、坦率、可爱的气质。虽然已经生育过儿女，但仍具有年轻姑娘的风韵魅力。

1758年5月，华盛顿奉命前往威廉斯堡催促物资供应，中途他应邀前往张伯伦少校家中进餐。在这里，他第一次见到了玛莎·丹德里奇·卡斯蒂斯。好像是上帝的安排，两个人彼此一见倾心，很快就坠入了爱河。

不久后，华盛顿又专程去探访了玛莎，并定下终身，相约等边疆危机一结束，他们就举行婚礼。

1758年底，华盛顿返回家乡。第二年的1月6日，华盛顿与玛莎的婚礼在弗吉尼亚新肯特县玛莎的寓所"白屋"隆重举行，双方的亲朋好友和当地的社会名流纷纷前来祝贺，结婚仪式热烈而喜庆。

婚后，一对新人在白屋度过了一段难忘的蜜月时光。在蜜月期间，华盛顿还乘马车前往威廉斯堡赴任市民院议员。

为了迎接这位战斗英雄的到来，市民们为他举行了盛大的欢迎仪式。当华盛顿兴致勃勃地走进会场时，全体议员马上起立，用热烈的掌声向他致敬。接着，议长鲁滨逊先生发表了热情洋溢的演说，对华盛顿的品格和功绩给予了赞誉，并代表殖民地向他表示感谢。在一片颂扬声中，华盛顿竟然窘得面红耳赤，紧张得说不出话来。

这是华盛顿第一次步入政坛，不免显得十分稚嫩，甚至有几分滑稽，但他在战场上的英姿已经给人们留下了深刻的印象，并确定了他在政坛上独特的、不可替代的地位。

3个月后，华盛顿和夫人玛莎带着6岁的继子约翰·帕克·卡斯蒂

41

斯和4岁的继女玛莎·帕克·卡斯蒂斯一起乘坐马车回到弗农山庄。从此，弗农山庄就成为他们的家。

玛莎是一位头脑清醒、办事认真、善于持家理财的贤内助，同时也是一位社交场上的佼佼者。她和孩子们的到来，让沉寂了几年的弗农山庄再一次焕发出勃勃生机。

后来的事实也证明，华盛顿与玛莎的结合经受住了风雨与时代的考验。华盛顿胸怀大志，刚毅威武，是国家和民族的栋梁和擎天立柱；玛莎持家有方，对华盛顿关怀备至。二人伉俪情深，共同度过了38年的夫妻生活。尽管夫妻俩都喜欢过一种与世无争的隐居生活，但无论命运驱使华盛顿在独立战争的疆场上浴血奋战，还是在国内外政治斗争的漩涡中起落沉浮，玛莎都勇敢地伴随在他左右。

结婚以后，华盛顿本已富裕的家产变得更加阔绰了。他原有5000英亩的土地和49名奴隶，现在玛莎又给他带来了1.7万英亩的土地和300多名奴隶，另外还有4.5万英镑的现款。一夜之间，华盛顿就成了弗吉尼亚数一数二的大种植园主了。

在18世纪中期，英属北美南部各殖民地的一个个大种植园就是一个个小的帝国，种植园主是这个帝国至高无上的统治者。因此，种植园主的管理和决策好坏也直接关系到种植园的发展前途。当时，弗吉尼亚的种植园主们都喜欢让他们的管家去经营自己的庄园，认为亲自经营有失身份，但华盛顿不这么认为，他亲自管理庄园事务，决心要将他的庄园建成弗吉尼亚第一流的种植园。

（三）

最初，弗农山庄是以单一的农业经济为主，主要生产的经济作物是烟草。同弗吉尼亚的其他种植园一样，弗农山庄生产的烟草大部分要销往英国。由于华盛顿工作勤奋，又大胆采用先进的农业技术和生产工具，所以产量很快就得到了大幅增长。

然而遗憾的是，烟草的经销情况并不尽如人意，甚至每况愈下，这主要由于英国代理商十分奸诈，利用宗主国的有利地位和进出口差价对农场主大肆剥削，让华盛顿的烟草生意蒙受巨大损失。出于愤怒和无奈，华盛顿对生产结构进行了大规模调整，逐渐减少烟草种植面积，改种小麦、玉米等农作物，并投资兴办面粉加工厂等多种手工作坊。到1766年，种植园已完全停止生产烟草了。

由于产品信誉好，产量和质量大幅提高，弗农山庄在激烈的市场竞争中逐渐站稳了脚跟。据说，当时凡印有"弗农"印记的面粉桶在许多港口都是免检通过，这种情况在当时是不多见的。可以说，弗农山庄在华盛顿的经营下，已经进入了它的黄金时代。

在弗农山庄生活的几年中，华盛顿也没完全断绝与外部世界的交往，他经常与各地的知名人士保持联系，有时夫妻俩还坐着华丽的四轮马车出门，或到威廉斯堡去参加市民院会议，或去马里兰殖民地首府安纳波利斯参加上流社会组织的各种社交活动。在这里，华盛顿夫妇结识了许多北美上层人物，同他们交换对内外事务的看法，尤其是经常交流关于英法之间的战况和英国王室的一些殖民政策等。

1763年，历时7年的英法战争结束，法国战败，其势力被逐出北美。英法两国签订了《巴黎条约》，法国放弃了在北美的一切权利。

然而，战败国的一位政治家、法国驻君士坦丁堡大使德维尔·让先生却提出了一个古怪的观点：虽然这场战争英国人打赢了，但对英国来说却是一种极其有害的胜利，因为它失掉了法国这种抗衡力量，英国殖民地将不再需要它的保护。

在战争中，北美人民为了保卫家园和财产，牺牲了无数的生命，与英军一起战胜了强大的法国。可战争结束后，北美人民并没有得到和平和安宁，得到的却是昔日"战友"无情的镇压与盘剥，这让北美人民非常愤怒，北美大陆上空重新布满战争的黑云。

北美移民大部分都来自英国，对不列颠也怀有一种类似"恋母"的情结，他们总是将英国称为"国内"。然而不列颠却是"后娘"，对本土臣民与海外游子采取的是双重政策。因为英国王室建立殖民地的唯一目的，就是为争夺那里的原料和商品销售市场，对待北美也只是无限地索取，从未付出，限制北美经济的发展，禁止其与别国进行贸易，以保证英国商品的垄断倾销。

英法战争结束后，英国腾出手来，对殖民地采取了更加严厉的限制政策，大肆对北美进行压迫和榨取；还派出大量军舰到北美海岸游弋，稽查走私，从而使北美的对外贸易遭受沉重打击，沿海港口城市的经济陷于萧条。

1763年10月，英国王室诏谕，宣布北美阿巴拉契亚山脉以西的土地全部归王室所有。在战争前夕，英政府还鼓励其"忠良臣民"到西部地区去垦荒定居；而现在，这道诏谕使北美各个阶层无不受到严重打击，其中也包括华盛顿家族。

英国政府还不罢休，1764年，政府又将英法战争的巨额军费开支转嫁到殖民地人民头上，颁布了"糖税法"，宣布在北美殖民地对食糖和糖浆等征收关税，"以支付该领地之防卫、保卫与安全费用"。

1765年3月，英国当局又颁布了"印花税法"，该法案几乎达到了无孔不入的程度，规定：凡北美殖民地出版的一切报刊、广告、历书、契约、法律文书乃至大学文凭等，都必须贴上"税资付讫"的印花税票，税票价值从半便士到20先令不等。

　　为保证这一法案的实施，防止殖民地人民反抗，英政府又颁布了《驻兵条例》，规定英军在殖民地可以随意征用公房。

　　这一切无理而残酷的剥削让北美人民忍无可忍，火山终于要爆发了！北美一些有识之士一针见血地指出："印花税法"不仅是经济上的公开掠夺，还是剥夺北美人民神圣的立法权力。因为英国上下两院都没有北美选出的代表，为何英国议会可以随意通过法案向北美人民另外征税？显然，这是不合法的侵权行为。

　　"印花税法"成为一根引爆民族解放斗争的导火索，北美人民纷纷行动起来，斗争的浪潮很快便席卷了北美的13个州。

第六章　登上反英政治舞台

由于剑是维护我们自由的最后手段，一旦这些自由得到确立，就应该首先将它放在一旁。

——华盛顿

（一）

1765年5月29日，反对"印花税法"的第一阵浪潮在弗吉尼亚爆发了。

这天，弗吉尼亚代表在威廉斯堡召开议会，讨论印花税法的问题。在会上，一位名叫帕特里克·亨利的青年律师登台发表了一篇演说，义正词严地反对"印花税法"。他认为，只有经过弗吉尼亚议会讨论通过，英国政府才有权对本地居民征税；凡反对此见解的人，就是弗吉尼亚的敌人。

亨利的演说轰动了议会，并很快就传遍了北美洲。随着斗争的日渐深入，一些群众性的自发革命团体也相继出现，其中影响最大的是"自由之子"，这些团体提出了"要自由，不要印花税"等口号。

10月，在马萨诸塞议会上，北美9个殖民地的代表在纽约召开反对印花税法的大会，通过了《殖民地人民的权利及其不满原因的宣言》，宣布殖民地人民没有义务向英国政府纳税，同时大会号召抵制英货。

此时，华盛顿虽然在感情上是站在北美殖民地一边的，反对英国在北美实施的各种压迫性政策，但他的观点和行动却不像帕特里克·亨利等人那样激进。他认为：实施"印花税法"是一个错误的举动，不仅行不通，还会给英国和北美带来灾祸，英国政府应审时度势，改弦更张，与北美殖民地和睦相处。事后，他在给玛莎的叔叔弗朗西斯·丹德里奇写的信中说：

> 印花税法引起殖民地人民当中爱思考的人士的议论，他们认为这种违反宪法的征税方法是对他们的自由的卑鄙进攻……我可以肯定地说，宗主国由此得到的好处必然远远达不到英国内阁预期的程度，因为可以肯定，我们的全部财富从某种意义上来说已源源不断地流向英国，任何促使我们进口有所减少的措施必定都有害于英国的制造业。我们的人民的眼睛已经睁开了，他们已觉察到，我们花了大量钱财从英国购买的奢侈品完全是可以不买的。
>
> ……至于印花税，在目前的情况下，即使我们愿意执行这一法令，要照这一法令去办也是不可能的，或说几乎是不可能的。除了我们没钱购买印花税，还有许多别的有力的原因，足以证明这个法令是行不通的。

11月1日，是"印花税法"官定开始生效的日子。这天，各地群众都以不同的方式表达了愤怒和抗议。在波士顿地区，人们敲响了塔顶的葬礼丧钟，轮船升起半旗，商店关门停业，还焚烧了税征局长的模拟像；在纽约，群众纷纷上街游行，高举"英国干蠢事，美洲人遭殃"的条幅，一批群众还袭击了总督的官邸，把总督的模拟像当众烧毁，强迫管理印花税票的官员将所有的票据都交出来烧掉。

1766年1月，纽约群众走上街头，将运到纽约港的10箱印花税票统统扯碎，然后一把火烧个精光。

各种反对印花税法的运动愈演愈烈，人民革命烽火遍地，大有山雨欲来风满楼之势。1766年3月18日，英国政府在北美人民的坚决反对下，终于取消了"印花税法"。

消息传来，北美殖民地人民欢欣鼓舞，华盛顿也十分高兴，和大家一起拍手称快，满以为乌云已经消散，公正和自由又回到了北美大地。

然而非常遗憾的是，正当这些善良的人们欢庆废除"印花税法"的时候，英国王室又开始策划新的阴谋，变本加厉地对北美殖民地进行反扑。

（二）

1767年初，查尔斯·汤森出任英国财政大臣，提出了一个向北美殖民地征税的新法案，即"汤森税法"。据此，英国将向北美殖民地输出的商品，如玻璃、油漆、纸张、茶叶等，一律在到达殖民地后征收关税，所得款项用于支付殖民地的司法和行政费用。同年11月，该税法在北美各殖民地推行。

这一法案可谓一箭双雕：既搜刮了殖民地的钱财，又能削弱当地议会的权利。因为在这之前，皇家官员的薪俸都掌握在殖民地议会手中。

结果，该法案再次激起了北美人民的反抗怒潮。1768年2月，马萨诸塞殖民地议会通过了由塞穆尔·亚当斯起草的给英国国王的请愿书，要求撤销汤森税法。其他殖民地也纷纷向英国政府递交陈情书，反对英国政府将殖民地征税当成增加英国财政收入的手段。

然而，尽管请愿书是"向我们最仁慈的君主提出谦卑、恭敬而又忠诚的请求"，结果还是遭到了当局的严厉惩罚，议会被解散，请愿书被撤销。

9月28日，来自马萨诸塞州的代表聚在一起，抗议英国政府的暴政。

　　就在同一天，两个团英军在7艘军舰的护送下进驻波士顿，意图震慑住抗议的人们。可是，波士顿人民以拒绝为英军提供住所作为答复。

　　局势顿时紧张起来，人民甚至可以嗅到战争的火药味。一心想在弗农山庄过太平日子的华盛顿，也不得不面对愈加严峻的局势了。他的庄园成了信息交流的场所，不断有朋友来到这里，给他带来外面的消息。

　　1769年4月5日，华盛顿在弗农山庄给乔治·梅森写了一份重要的信件，信中阐明了自己对于英国与北美殖民地人民之间冲突的看法，以及北美殖民地人民应采取的对策。信中说：

　　　　当英国尊贵的先生们不剥夺美洲的自由就不满足的时候，看来很有必要采取某些措施避开这一打击，并维持我们祖先给我们的自由。但是，关键问题在于，我们该采取什么样的措施才能有效地达到这一目的？

　　　　……为了保卫与我们生命的一切息息相关的无限宝贵的天赋自由，我认为，我们每个人都应义无反顾地拿起武器……但是，武器应该是最后不得已的手段……

　　这封信表明，华盛顿在审视英国与北美殖民地的尖锐矛盾时，已经考虑到采取革命手段的可能性，大胆地提出拿起武器来反抗英国当局剥削殖民地人民的主张。这是他走向革命的一个重要标志。

　　华盛顿在与梅森通信协商后，由梅森草拟了一份计划：成立一个抵制英国商品联合会，主张从1769年9月起，其成员保证不进口需要纳税的任何英国商品。华盛顿与梅森反复研究后，将文件最后定名为《不进口协议》。

　　文件在交到弗吉尼亚议会讨论后，得到了议会的一致通过，不久各地更是纷纷响应，而华盛顿本人则成为这一决议的严格执行者。

执行这一决议也就意味着：革命先从自我革起。签署了文件的议员们有义务抵制英国货，相互停止贸易，蒙受经济损失。同时还要放弃生活中的享乐奢侈之品，因为这些奢侈品全部是从英国进口的。华盛顿身体力行，全家整整一年都用一种树叶代替从英国进口的茶叶，由此可见抵制运动的坚决彻底。

这一年，北美殖民地从英国进口的商品数额急剧下降，英国厂主和商人在对美贸易中损失惨重。1770年3月5日，英国内阁不得不宣布"汤森税法"作废。

现在，经过彷徨、等待、审时度势的华盛顿，开始正式登上反抗英国殖民统治的政治舞台了。

（三）

1770年初，英国内阁发生变动，诺斯出任英国首相。在他的活动之下，"汤森税法"取消后，又通过了在北美殖民地征收茶叶税的法案。也就是说，撤销1767年以来的各种关税，只有茶叶除外。这样做的目的，是为了维护宗主国的权威。

这样一来，北美殖民地人民开始购买其他不征税的日用品，但绝不购买茶叶，于是茶叶税问题又成了斗争的焦点。

3月5日，就在英国议会取消对北美殖民地征收茶叶税以外的关税这天，波士顿人民与当地驻守的英军之间发生冲突，从而爆发了震惊世界的"波士顿惨案"。

这天，波士顿天气寒冷，一个英国兵在大街上公然殴打一名北美学徒。消息传开后，人们怒不可遏，纷纷聚集起来，包围了海关大楼，高喊口号：

"赶走虾子兵！赶走虾子兵！"

同时还用雪球和石块向大楼上投掷英军。守卫大楼的军队开了枪，当场打死5名群众，多人被打伤。

英军的暴行激起了北美殖民地人民极大的愤怒，反英情绪更趋高涨。第二天，波士顿召开全市大会，要求英军撤出市区，并严惩杀人凶手。

1772年11月，波士顿建立了北美第一个革命组织——"通讯委员会"。不久，这一组织在数十个城镇相继成立起来。

由于北美殖民地人民拒绝购买茶叶，英属东印度公司的茶叶出现大面积积压。1773年，东印度公司派出3艘运送茶叶的船只驶入波士顿，试图将茶叶强行推销给当地居民，以便在事实上确立英国对北美殖民地的征税权。

为表明殖民地人民的反抗决心，回击英政府的暴行，12月16日晚，一群波士顿人化装成印第安人闯入东印度公司的茶船，将1.5万英镑的300多箱茶叶全部倒入海中，从而以实际行动彻底否定了英国政府对北美殖民地人民的征税权。

这一事件大大鼓舞了北美殖民地人民的斗争士气，同时也深深激怒了英国国王乔治三世和他的政府。英国政府决定对北美殖民地人民的"大逆不道"行为给予严厉的镇压。

1774年3月，英国政府通过了5项"不可容忍法令"，企图用高压手段迫使北美殖民地人民就范。这5项"法令"包括：

一，关闭波士顿港口，直至东印度公司被毁茶叶得到赔偿。

二，撤销马萨诸塞州殖民地自主权，由英国国王直接任命议会议员。

三，取消殖民地司法权，英国在殖民地的官员犯法不受殖民地司法机关审判。

四，颁布新驻军条例，英军进驻波士顿港，并可在殖民地一切旅馆酒店及其他公共建筑物内自由驻扎。

五，颁布《魁北克条例》，将俄亥俄以北、宾夕法尼亚以西的广大地区划归英属加拿大魁北克殖民地管辖。

上述法令将于1774年6月1日正式实施。该法令明显剥夺了北美人民的政治和司法权，因此更加激起了殖民地人民的义愤和联合反抗，这也成为第一次大陆会议召开的直接原因。

5月16日，弗吉尼亚会议在威廉斯堡召开。这是1769年议会被解散5年后的第一次召开，华盛顿出席了会议。

会议还在召开期间，通讯委员会就传来一个紧急信息：波士顿港将于6月1日被英国当局封锁。议员们马上情绪高涨起来，中心议题转为声援波士顿人民的正义斗争。

弗吉尼亚会议后，被波士顿新任总督邓莫尔下令解散，包括华盛顿在内的25名爱国议员又自发聚集到雷利旅馆的会议厅继续开会，并在这里通过一份十分重要的通告：号召8月1日举行弗吉尼亚全体会议，并建议美利坚各殖民地派出代表，每年在最合适的地方召开一次全大陆的会议。

6月1日，英国正式封锁波士顿港，整个北美殖民地都以各种形式表达他们的抗议，并将这天当做斋戒和祈祷的日子。华盛顿还专程来到教堂，怀着虔诚的心祈祷上苍大发慈悲，赐福于多灾多难的波士顿人民。

8月1日，华盛顿代表费尔法克斯县出席了在威廉斯堡举行的第一次弗吉尼亚全州代表大会。会上，代表们一致愤怒声讨英国封锁波士顿的暴行。一贯沉稳内向、谨言慎行的华盛顿在这次会议上发言了：

"我愿意出资招募1000名士兵，率领他们去支援波士顿。"

会议最后通过了对英进行经济抵制的决议案，并推举出7名代表去费城参加于9月5日召开的第一届大陆会议，华盛顿也位列7名代表之中。

第七章　当之无愧的军事领袖

　　　　不论用什么方法获得名誉，如果后面没有品格来维持，名
誉终必消失。

——华盛顿

（一）

　　费城位于宾夕法尼亚州东南部，是北美大陆最大最繁华的城市，当时有居民3万余人，整个城市比威廉斯堡要气派、热闹得多。

　　1774年9月5日，第一届大陆会议在费城一个名叫"木工会厅"的礼堂中召开。除佐治亚州代表因其总督的阻挠未能出席外，来自英属北美12个殖民地的代表共55人汇聚于此召开会议。

　　这55名代表可谓汇集了北美洲最具政治头脑、最具组织才能和最具名望的领袖人物。此前，他们都代表着本地区的利益，各自为政。他们的政治倾向基本可以分为三派：一派为激进派，代表为塞穆尔·亚当斯、约翰·亚当斯、查理德·亨利·李和帕特里克·亨利等；一派为温和派，代表为乔治·华盛顿、佩顿·伦道夫和约翰·迪金森等；另一派是一些保守派人物，如约翰·杰伊、约翰·迪金森等。真正的铁杆保皇派是不可能参加这种会议的。

　　会议选举弗吉尼亚的佩顿·伦道夫为主席，宾夕法尼亚州的查尔

斯·汤姆森为秘书长。经过激烈的辩论，大会最终形成了两个重要决议：
一，发布《权利宣言》；二，用"大陆联盟"的名义制定一套禁令。

10月4日，《权利宣言》通过。这个历史上著名的宣言有力地谴责了英国的高压法令，提出了殖民地人民应该同英国公民一样，享有生命、自由、财产的权利，并宣称：

> 对于这种令人痛心的法令和决议，美洲人民决不能屈膝。但是，由于希望我们的英国国民同伴在修订这些法令时能使我们两地恢复到共同幸福繁荣的状态，我们目前决定只采取以下和平措施：
> 第一，成立不进口、不消费和不出口协会或联合会。
> 第二，草拟告大不列颠人民和英属北美居民书。
> 第三，草拟上英王陛下书。

10月20日，会议通过了成立"大陆联盟"的决议，由联盟颁布了3项禁令：

一，从12月1日起，禁止从英国进口商品，停止奴隶贸易。

二，禁止消费和进口英国的奢侈品。

三，从1775年9月1日起，禁止向不列颠、西印度群岛出口商品。

大陆会议从9月5日一直到10月26日，历时51天，并商定于下年5月召开第二次大陆会议。

在会议结束后，华盛顿匆匆返回弗农山庄，因为他非常惦记玛莎。1773年6月，玛莎的女儿因病亡故了，儿子约翰·帕克·卡斯蒂斯又不在身边，在华盛顿远行后，玛莎只身一人独守弗农山庄，甚感忧伤和寂寞。因此，玛莎也非常希望华盛顿能回到自己身边，陪伴自己。

但是，形势的发展已令弗农山庄难以再恢复到往日那种安逸祥和的气氛了，马萨诸塞的形势日趋紧张。英军司令兼马萨诸塞殖民地总督盖奇派兵控制了波士顿这一港口城市唯一的陆上大门波士顿隘口，并下令搜缴各地的武器枪支等。

这一举动令波士顿周围的人民十分不满，他们自发组织起来，准备向波士顿进发。马萨诸塞议会则不顾盖奇的阻挠，召开会议，并推举约翰·汉考克为议会主席。议会还通过了组织民兵法案，任命阿迪马斯·沃德等军事将领，授权安全委员会召集训练民兵和指挥军队的军事行动，并搜集大批军火储存在康科德和伍斯特等地，以防不测。

马萨诸塞人民的行动得到了北美其他殖民地人民的支持，各殖民地也纷纷建立起自己的民兵组织。在大陆会议后，弗吉尼亚的各县先后建立起民团，自己出资招兵买马，购置装备，自己选举军官，并穿上自制的军服，要与英国正规军分庭抗礼。

由于华盛顿在当地的巨大声望，他刚一回到弗农山庄，各地民团就纷纷邀请他担任指挥官，进行军事训练等方面的指挥工作。显然，在当地人民心中，华盛顿已是一名当之无愧的军事领袖了。

（二）

就在华盛顿忙于指导弗吉尼亚各地民团训练时，两位在日后美国独立战争中扮演重要角色的人物来到弗农山庄，他们是查尔斯·李将军和霍雷肖·盖茨少校。华盛顿对二位的到来十分高兴，因为他们都具有丰富的军事经验。尤其是李将军，虽然性格孤僻古怪，为人不修边幅，但在军事上很有才华。

1775年3月20日，华盛顿前往里士满参加第二届弗吉尼亚会议。在会上，发生了两派对立意见的论战：一派对局势持乐观态度，认为大陆会议上制定的3项禁令已见成效，英国政府一定会改变初衷，因此没必要采取过激行为；而以帕特里克·亨利和杰斐逊为代表的激进派，则力主继续扩大民团组织，确保殖民地安全。

就在两派争执不下时，从大洋彼岸传来了一个令人气愤的消息：英王在英国议会上指责北美人民的行为是严重的"暴乱"，表示坚决抵制一切削弱和伤害议会"最高权威"的企图。

英王的言论再一次激怒了北美殖民地人民，也大大加强了弗吉尼亚激进派的战斗决心。亨利还在会议上提出一项建议：弗吉尼亚应马上处于防卫状态，成立一个委员会来制订计划；组织和训练民兵，保卫弗吉尼亚安全。

亨利的建议得到了包括华盛顿在内的大多数与会者的赞同。最终，会议以多5票的优势通过了亨利的建议，建立了以华盛顿、亨利和杰斐逊为首的安全委员会，实际上它就是弗吉尼亚革命政府。会议还选举了出席第二届大陆会议的代表，结果出席第一届大陆会议的代表全部当选。

与此同时，马萨诸塞总督盖奇在诺斯的授权下，也开始准备用武力维持对桀骜不驯的殖民地的统治。1775年4月，盖奇获悉距离波士顿32千米处的康科德藏有民兵的大批军火，便决定对那里进行突然袭击。

4月18日，盖奇派史密斯中校率领800名英军前往康科德收缴武器，并准备逮捕那里的反英分子。然而，他们的行动被马萨诸塞议会安全委员会的约瑟夫·沃伦医生发现，他立刻将英军的行动情况通知了正在列克星敦通讯委员会的领导人塞穆尔·亚当斯和马萨诸塞议会主席约翰·汉考克。安全委员会马上将康科德的大炮和部分弹药运往他处。同时，沃伦医生又连夜派两名北美民兵赶在盖奇的部队到达之前跑出波士顿，将英军行动的消息通知各地通讯委员会和民兵。波士顿近郊的民兵们获得情报后，迅速集合起来赶到康科德。

4月19日拂晓，当皮特凯恩少校率领的英军来到一个名叫列克星敦的村庄后，忽然发现教堂外面的草地上有武装民兵挡路。显然，这些民兵意欲阻止英军的进一步行动。双方在这里进行了一番激烈的对射。最终，在英军的猛烈火力下，有8位民兵牺牲，10人受伤；英军方面也造成了一些伤亡。但英军还是杀出一条血路，直扑康科德。

上午7点左右，英军到达康科德，但由于列克星敦阻击战为康科德民兵赢得了时间，此时康科德民兵已经抢占了南北两座桥头，库存的弹药武器大部分也已分散转移。当英军赶来时，迎面就遭到了民兵的射击。

经过一上午的激战，英军被打得人仰马翻，抱头鼠窜。当这支狼狈不堪的军队仓皇逃回波士顿时，已伤亡和被俘了约300人，而北美民兵仅伤亡数十人。北美人民初战告捷。

列克星敦的枪声很快传遍了北美大地，揭开了北美独立战争的序幕。同时，这一枪也打破了英国正规军不可战胜的神话，并将包括华盛顿在内的北美人民逼上了"梁山"。

（三）

1775年5月10日，第二届大陆会议将在费城的独立宫召开。当华盛顿获悉列克星敦事件时，他正在家中准备赶赴费城参加大陆会议。妻子玛莎像以往一样，送他登上四轮马车，并祝福丈夫一路平安，早日归来。

第二届大陆会议堪称是群英荟萃，盛况空前，所有与会的代表都是精英人物，前一届的代表大部分再次当选，也有一些新鲜的面孔出现。比如著名民主主义思想家托马斯·杰斐逊，时年32岁；另一位著名人物是时年69岁的本杰明·富兰克林，也是一位杰出的科学家和社会活动家。

在这次会议上，仍然存在着两种思想斗争。除少数人主张北美独立外，包括华盛顿在内的大多数代表一方面留恋于对宗主国的感情，另一方面又想维护殖民地人民的权利，仍希望这场冲突最终能够获得和解。

经过激烈的争论，最终会议通过了约翰·迪金森起草的《橄榄枝请愿书》，再次请求英王的原谅；还通过了托马斯·杰斐逊和约翰·迪金森联合起草的《关于拿起武器的原因和必要的公告》。

两个文件乍看起来好像是互相矛盾的，其实它正如实地反映了与会代表们的意志。文件虽然声称北美人民尚未有脱离英国而独立的想法，并阐明了和解的愿望，但字里行间仍然表达了美利坚民族神圣不可侵犯的浩然正气和"不自由、毋宁死"的坚定信念。

在会议举行期间，各项实际备战措施并未因向英王的请愿而受到影响。会议决定成立一个联邦，在允许各殖民地按照自己的宪法处理内部事务的同时，将宣战媾和、对外缔约和管理贸易方面的权利都收归大陆会议。据此，大陆会议于6月14日下令征募官员，筹集军火，并发行印有"联合殖民地"字样的美元钞票。会议还选举华盛顿为处理军事事务的委员会主席，负责制订有关军队的规章制度。

面对这一重大的使命，43岁的华盛顿心情十分复杂，既感到无上的荣耀和自豪，又感到一种沉重的压力和惶恐。他当即作了简短的发言：

"虽然我深感此项使命给予我的崇高荣耀，但我仍深感不安，因为我的能力和军事经验恐怕难胜这一要职。鉴于会议的要求，我将承担这一重任，并将竭尽所能为这一神圣的事业效力……"

大陆会议还任命了4名少将和8名准将。4名少将分别为：阿迪马斯·沃德、查尔斯·李、菲利普·斯凯勒和伊斯雷尔·普特南；8名准将分别为：塞斯·波默罗伊、理查德·蒙哥马利、戴维·伍斯特、威廉·西斯、约瑟夫·斯潘塞、约翰·托马斯、约翰·沙利文和纳撒尼尔·格林。

6月20日，华盛顿从大陆会议主席汉考克手中接过委任状，准备赶赴波士顿地区。第二天，在临行前，应民兵军官们的请求，华盛顿在查尔斯·李和菲利普·斯凯勒两位将军的陪同下，检阅了几个民兵连队，向他们展示了这位新上任司令官的风采。

这是华盛顿一生当中最令他激动不已的经历之一，也是美利坚民族发展史上最为关键的一个时刻。一把决定美利坚人民命运和前途的利剑已经铿锵作响，行将出鞘了！

第八章　夺取波士顿

在经济和自然发展过程中存在着不朽的结合——美德与幸福不可分，责任与利益不可分，诚实高尚政策的真正准则与民众繁荣幸福的真实回报不可分。

——华盛顿

（一）

就在第二届大陆会议召开期间，波士顿地区的形势骤然紧张起来。从四面八方涌来的新英格兰军队将这座城市围得水泄不通，扼守住城市周围的主要交通要塞，将与其余外地的联系和物质供应全部切断，让这座孤立无援的城市开始面临生活必需品日渐枯竭的危险。

由于波士顿情况紧急，大陆军总司令华盛顿及新任命的将军们于1775年6月23日从费城出发，直奔波士顿。7月2日，华盛顿等人抵达波士顿的剑桥司令部，受到了地方议会领导人、民兵武装和当地群众的热烈欢迎。欢迎仪式结束后，华盛顿顾不上休息，又风尘仆仆地赶往5千米以外的坎布里奇司令部。

7月3日上午，华盛顿正式接管了军队的指挥权，宣誓就任大陆军总司令，受命于民族兴衰存亡的危难关头。

随后，华盛顿检阅了大陆军。面对欢呼的人群，华盛顿的头脑异常冷静。从一个军事专家的眼光来看，摆在眼前的局势十分严峻。在将敌我双方的情况进行一番详细的对比后，华盛顿深感忧虑。面前的大陆军虽然士气高昂，充满战斗力，但其实还算不上正规部队，只是一些民兵武装的临时组合。更确切地说，是一伙人员混杂、编制紊乱的乌合之众，他们唯一的共同点就是对英军充满仇恨。这样的军队，也必然存在着许多致命的弱点。

其次，这支军队虽然号称有1.8万人，其实不足1.4万人，还全部都是未经训练、刚刚组建起来的民兵，根本不知道纪律为何物。当没有战事时，他们就到处惹是生非，扰乱地方的治安。

另外，华盛顿还发现，部队的装备十分简陋，物资匮乏，缺少重武器和运输工具，士兵们用的枪械大多来自英军淘汰下来的破旧东西，还有一些是士兵们自己从家里扛来的猎枪。医药和被服等军用物资也供不应求，许多士兵穿不上一件像样的制服，整个军队看起来都衣衫褴褛。

上任后，华盛顿对军用物资做了一次调查，结果让他出了一身冷汗：仓库中的弹药只有32箱，每人只能有9发子弹！正如华盛顿的秘书里德所说的那样：

"库存物资几乎等于零，士兵们子弹盒里的弹药几乎就是全军的所有弹药。这种情况真叫人不寒而栗！"

情况万分紧急，华盛顿决定马上对部队进行整顿。

首先就是整顿军纪，将大陆军划分为若干个线式团队，每个团由来自同一个殖民地的官兵组成，各级军官佩戴明显的区别标志。官兵必须做到军容整洁，严守纪律，令行禁止，服从长官的指挥，严禁抢劫财物，凡违犯军纪或扰乱社会治安者，视情节轻重处以惩罚。

其次，华盛顿不断向大陆会议汇报反映，向各殖民地领导人呼吁，请求尽快给部队供应急需的武器弹药、粮食和服装。在他的一再催促下，大陆会议陆续成立了一整套后勤供应机构。

华盛顿还十分重视大陆军内部南北两方士兵之间的关系，号召他们应互相团结，从建制和思想上凝结成为一个整体。当时，大陆军中大多数的士兵都来自北部的新英格兰，而华盛顿则来自南方的弗吉尼亚，但他完全抛弃了地域概念，对全体将士都一视同仁。

经过一段时间的治理整顿，大陆军的面貌发生了巨大的变化，虽然还不能完全达到正规军的各项标准，但毕竟是朝着这个方向迈进了一大步。

（二）

在对军队进行整顿之后，华盛顿认为可以采取主动的军事行动了。于是，他开始拟定攻击英军、夺取波士顿的作战计划，并着手进行相应的军事部署。

然而，由沃德、查尔斯·李和普特南等人组成的军事委员会却顾虑重重，认为机会还不够成熟，需要耐心等待。华盛顿的作战计划曾前后3次遭到否决。

时间一天天过去，大陆军在备战和寻找战机的过程中迎来了1775年的冬天。马萨诸塞的冬天十分寒冷，大陆军的将士们陷入重重困难之中。建筑过冬的营舍，购买棉衣和燃料等，都需要大笔的资金，粮草和弹药也急需补充。在这严酷的生活环境中，战士们叫苦不迭，思乡和厌战情绪也日渐蔓延，军纪开始涣散。

就在这最困难的时刻，华盛顿的夫人玛莎在儿子和儿媳的陪同下从家乡乘坐马车来到了军营。由于路途遥远，天气寒冷，他们走了半个多月才到达马萨诸塞。玛莎从未有过风餐露宿的艰苦经历，但这次旅行证明她是一位十分坚毅的女性。

在临行前，玛莎做了大量的准备，携带了许多熏肉、野味、果脯、干鱼一类的食物，还带了一六车的衣服、日用品等。儿子约翰·帕克·卡斯蒂斯则以费尔法克斯县专使的身份，给大陆军带来了一笔经费，为部队补充给养。

从这以后，大陆军的营地里就增加了一位可爱而高贵的总司令夫人。玛莎很快就赢得了全体将士的尊敬和崇拜，她带来的一大堆食物等更如雪中送炭。她对待士兵也十分友好，每次遇到士兵，总是亲切而耐心地询问他们的生活和健康状况，甚至问及一些家庭琐事，那种关心和专注的神态就好像一位慈祥善良的母亲见到了久别归来的儿女一样。

1776年元旦，大陆军司令部上空升起了第一面红白相间、饰有13条横杠的旗帜。它象征着北美13个殖民地为争取权利和自由而团结战斗的精神。后来，在这面旗帜图案的基础上，左上角又多了一块蓝底白五角星，星数与美国的州数相同，这就是美利坚合众国的国旗。

年初，大陆会议和各地议会筹措的物资、经费以及招募的新兵也陆续抵达这里，全军上下再一次焕发出巨大的战斗热情，积极投入到备战工作当中，准备迎接血与火的洗礼。

2月上旬，波士顿地区一反入冬以来温暖如春的天气，突然刮起了凛冽的寒风，使久久未冻的波士顿港也开始封冻。华盛顿认为，这是利用冰冻的海面运输部队进攻波士顿的大好时机，于是再次向军事委员会提出进攻作战的具体计划。然而军官们认为，营内兵力不足，弹药也不算充足，进攻时机还不到。华盛顿的计划再次受挫。

就在华盛顿为计划不能实施而懊恼不已之际，亨利·诺克斯上校带领士兵们经过长途跋涉，穿过冰冻的湖面和白雪皑皑的荒原，用牛拉雪橇从香普兰边疆给前线运来了50多门大炮、迫击炮和榴弹炮，还有其他许多军用物资。这无疑是雪中送炭。

由于诺克斯具有炮兵专家的才干，大陆会议曾根据华盛顿的提议任命他为炮兵团团长。这一次，诺克斯以其出色的才干完成了任务，更获得了华盛顿的信任，为其此后的政治发展奠定了基础。

2月27日，波士顿传来消息：英军正在策划占领多彻斯特隘口。华盛顿觉得应该抢先行动。3月2日，他再次召开军事会议，决议在3月4日晚，由托马斯将军率领的2000名精锐士兵攻占高地，普特南将军派出4000名士兵攻打波士顿交通要塞，以牵制英军的主力。

3月2日当晚，为转移英军注意力，大陆军的一些炮台开始向英军炮队开炮轰击。英军不明就里，惊恐万分，仓皇迎战。刹那间，波士顿城内外变成了炮弹倾泻的场所，炮弹的呼啸声和爆炸声震耳欲聋。

4日晚，皓月当空，在惊天动地的炮击声中，托马斯将军率领军队悄悄地出发了，800名精兵在前面开路，后面是1200人组成的工程队。利用夜色和烟雾作为掩护，300辆马车装载着大量的建筑材料，以最快的速度冲上多彻斯特高地，并立即开始构筑工事。到第二天黎明时分，几座碉堡已经巍然耸立在高地上了。

面对这一惊人的奇迹，英军将领们简直不敢相信自己的眼睛。他们意识到：多彻斯特高地的丢失已使战场优势转移到大陆军队一边了，这样一来，英军阵地及其海面舰队就完全暴露在美军的炮火射击范围之内。英军总指挥豪将军更是惊讶不已，称"叛军一夜之间完成的工作量比所有英军一个月完成的工作量还要多"。

3月5日这天，恰好是波士顿惨案发生6周年纪念日。回首过往，华盛顿深感肩头责任的重大与神圣，于是他以庄严的口气对全体将士说：

"复仇的时刻已经到了，北美人民的目光正在注视着我们的一举一动，我们决不能让他们失望！"

士兵们也早已按捺不住激愤的心情了，纷纷高呼杀敌雪耻的口号，以表达自己战斗到底的决心。

（三）

多彻斯特高地的丢失，让英军完全处于美军的炮火打击之下。英国海军司令沙尔达姆向豪将军表示，只要多彻斯特高地掌握在美军手中，他的舰队就不能停泊在波士顿港内，以免被对方的炮火击沉。为了挽救危局，豪将军决心夺回多彻斯特高地。于是，他马上命令博西勋爵率领2500名英军由水路从东面进攻多彻斯特高地。

当天晚上，英军趁美军尚未站稳高地，组织军队进行反扑。同时出动多路兵力，水陆并进直扑多彻斯特高地。谁知突然间风暴乍起，暴雨倾盆而下，汹涌的波涛让英军的运兵船根本无法前行，豪将军的计划也彻底泡汤。

第二天，大雨仍然不停，大陆军反而居高临下，不时用大炮轰击英军阵地，令其无法集结部队发起反攻。而且，大陆军已利用战斗间歇加固了阵地，调配了兵力，英军已失去反攻的机会。

3月7日，豪将军决定撤离波士顿。然而由于风向之故，英军迟迟没有撤离。华盛顿担心英军使诈，便进一步施加压力。3月16日，华盛顿将阵地向前挤压，并连夜修筑一道胸墙，又派人假传情报，称大陆军打算发起总攻。

然而，狼狈不堪的英军再也无心恋战。3月17日凌晨，英军便开始了紧张而混乱的撤退。不久，普特南率领的美军控制了波士顿全城，象征着北美联邦的星条旗终于飘扬在波士顿上空。

18日，华盛顿策马扬鞭进入波士顿市区，受到了广大市民的夹道欢迎。北美殖民地军民在波士顿被围困10个月后，终于光复了这一座曾为捍卫北美殖民地人民的自由和权利而付出高昂代价的城市。

波士顿的光复，对北美殖民地人民反抗英国暴政的斗争来说，无疑是起到了巨大的鼓舞作用。在这持续一年的围困战中，华盛顿虽然没有表现出惊人的军事壮举，但他尽职尽责的精神和驾驭全军的才能已为人们所熟知，因此也受到了全体北美殖民地人民的赞赏。正是靠着这种才能，他才在短短的数月内将一群散沙一样的大陆民兵整顿成为一支正规军队，并克服重重困难，将装备精良的英国军队赶出波士顿。

3月25日，大陆会议根据约翰·亚当斯的提议，一致通过决议，表彰华盛顿及大陆军官兵的勇敢行为，下令铸造印有波士顿光复者华盛顿头像的金质奖章，以纪念这次波士顿战役的胜利。

华盛顿在获知这一消息后，立即致函大陆会议，表示：

"我已经以'总司令'的身份向我所指挥的官兵传达了大陆会议对他们在担负军职时的良好品行的感谢，我们很高兴有这样一个机会对他们的功劳给予公正的表彰。最初，他们的确是'一伙缺乏纪律的农民'，但是，由于他们的勇敢善战和忠于职守，我才得以获得成就。这种成就给我带来了我想得到的唯一报酬，那就是同胞们对我的爱戴和尊重。"

第九章　发表《独立宣言》

自由一旦扎根，就会像植物一样迅速生长。

——华盛顿

（一）

就在波士顿战役进行期间，北美其他地区的人们也纷纷拿起武器，与英国军队展开斗争。在南部战场，在加拿大战场，北美军队都给英军以重创。武装斗争愈演愈烈，已经从局部蔓延到英属北美殖民地的各个角落，并有继续扩大的态势，很可能会发展成为一场旷日持久的大战。而随着战争的深入发展，一个亟待解决的问题也越来越明确地摆在北美人民面前：北美人民到底是为何而战？

当时，大多数革命者都认为，北美采取种种经济和军事措施与英军作战，其目的仅仅是迫使英国当局放弃对殖民地的压迫性政策。而一旦这个目的达到了，北美就会放下武器，与英国政府破镜重圆。

北美各地的群众基本也抱有如上想法，他们仍然认为自己是大英帝国的臣民。虽然他们也积极拿起武器参加反英斗争，但目的只是希望能用这种方式迫使英国政府作出让步，使北美恢复到1763年以前的局面。

因此，在当时大多数北美人看来，独立与"叛国"没什么两样。即使个别激进分子有独立的想法，也不得不将这种想法放在心里。

在这个问题上，华盛顿当时的观点也未能超越他的同代人。他认为，独立只会引起更大的混乱，令北美陷入无休止的灾难之中。因此，他主张北美人民应该为"正义"而战，迫使英国当局改变主意，尊重北美人民的权利和自由。他还认为，英国国王乔治三世是个宽厚仁慈的君主。所以，直至1776年初，华盛顿还总是虔诚地为英国国王的健康而干杯。

然而从1776年初开始，形势发生了急剧性的变化，英国国王乔治三世三番五次地拒绝北美殖民地人民要求和解的请愿书，并蛮横无理地宣布：北美处于叛乱状态。他还多次扬言要绞死殖民地每一个叛乱的首领。

秉持国王的旨意，英国政府将几万精锐部队纷纷运往北美地区，对那里的人民进行了残酷的镇压，英军的铁蹄踏遍了北美的广大城乡地区，对人民的财产和生命安全造成了巨大的损失。事实证明：英国国王是决心要用屠刀将北美人民的斗争扼杀在血泊之中的，北美人民也越来越清楚地认识到了这一点。

形势可以催人觉醒！北美人民对英王最后的一点儿幻想破灭了。从1776年春，要求"独立"的呼声开始在北美上空响起，大陆军也越战越勇，各地的爱国势力逐渐强大起来。他们驱逐了英王任命的总督，解散了官方的议会，建立起新的议会和革命地方政权。北美革命力量已经控制了13个殖民地中的11个，英国在北美在殖民统治开始动摇了。

就在这时，费城出版了一本政治性的小册子——《常识》，作者是托马斯·潘恩。这本小册子的公开发表，立即给北美人民的革命斗争注入了一股新的动力。

（二）

托马斯·潘恩是一位杰出的资产阶级民主主义者和政论家。他出身于英国教友家庭，1774年作为契约奴隶来到北美，经富兰克林介绍，在《宾夕法尼亚》杂志担任编辑。潘恩对社会底层人民的艰苦生活有着深切的感受，曾撰文反对黑奴制度，支持反英运动。他认为，很有必要将抗英战争的真正目的弄清楚，应鲜明地提出争取独立的口号，并昭告全体人民。因此，他写成了《常识》一书。

潘恩在《常识》中指出，北美殖民地人民以前向英国国王和政府所作的请愿、陈情等，都已像"美梦"一样过去了。"论战已经结束，作为最后手段的武力将决定着这场战争！"他还从北美的实际利益出发，提出了摆脱英国统治的理由：

"北美的真正利益在于避开欧洲的各种纷争，如果它由于对英国人处于从属地位，而变成英国政治天秤上的一个小砝码，它就永远不能置身于纷争之外。"

《常识》的出版，回答了北美殖民地人民该何去何从的问题，使方向不甚明确的北美领导者们豁然开朗，从此有了新的革命方向和革命精神。同时，对独立和自由的向往也让北美人民决心与那个不公正、不道德的国家一刀两断。

1776年6月10日，大陆会议在一片要求独立的呼声中召开了。会议选举产生了一个五人委员会，负责起草关于宣布独立的文件。

7月4日，大陆会议经过两天的秘密讨论，终于通过了由托马斯·杰斐逊主笔起草的《独立宣言》。顷刻，弗吉尼亚议会大厦上空响起了悠扬而庄严的钟声，它向全世界郑重宣告：北美大陆脱离了英国的统治而宣告独立！美利坚合众国成立！

《独立宣言》以犀利的笔调历数了英国政府对北美殖民地人民犯下的种种罪行，同时郑重宣告：北美各殖民地根据天赋人权和社会契约学说，解除对英国国王的一切隶属关系，成立独立自由的美利坚合众国。这一天也成为美国举国同庆的独立日。

在大陆会议讨论宣布独立这一大事的日子里，坐镇纽约的华盛顿密切地关注着会议的进展。他十分焦急，认为会议进行得过于缓慢，希望能尽早发表有关独立的文件。他甚至认为：如果半年前就宣布独立的话，北美人民不仅能控制住加拿大，还可以与许多其他国家结成同盟，一起反对英国，而且还能防止许多身居高位者因英方的欺骗和恐吓而倒向效忠英方的一边。

7月8日，在阵阵的礼炮声中，《独立宣言》正式在费城向人民宣读。7月9日，《独立宣言》的正式文件被送到华盛顿手中，华盛顿异常激动，下令当晚就向全军转达。

当晚6点整，美军以旅为单位，在各自的练兵场上静静地倾听着宣读《独立宣言》。宣读完毕后，华盛顿以一种预言家的口吻告诉将士们：

"《独立宣言》将进一步推动每一位军官和士兵以忠诚和勇敢来行动，领悟到现在在上帝的统辖下，他们的国家的平安与安全将完全取决于他们手中武器的胜利。"

当天，激动万分的纽约民众和士兵们都无法控制自己那种狂泻不止的喜悦之情，纷纷走上街头举行庆祝活动。最后，他们同大陆军士兵们一起将城堡前木球草地上安放的一座乔治三世的铅制雕像推倒砸碎，并将它熔铸成子弹，以表明自己摆脱英国殖民统治和捍卫独立的决心。

（三）

就在北美人民为《独立宣言》的发表而欢欣鼓舞之时，纽约的形势日益紧张起来。早在华盛顿出任大陆军总司令时，就对英美敌对双方的势力进行了比较和研究。现在，北美虽然打了几次胜仗，赶跑了威廉·豪将军，收复了波士顿，但并没有从根本上给予英国以打击，力量依然比英国薄弱，甚至可以说差距十分悬殊。现在，美国又发表了《独立宣言》，英国当局对这个新生的美国政权及其大陆军队更是恨之入骨，因此迟早会再次对北美发起攻击。

果不其然。1776年6月，从波士顿撤走的英军总司令威廉·豪将军在经过一番休整后，又重整旗鼓卷土重来了。这一次，他率领的军队除了英国正规军外，还包括德国黑森雇佣军，总计有3万多人。如今，豪将军兵强马壮，海陆并举，准备南下一举攻占纽约和哈德逊河，彻底粉碎北美的独立政权。

7月12日，豪将军的兄弟、海军上将理查德·豪统帅的舰队耀武扬威地驶进了哈德逊湾，兵临纽约城下。

根据英国政府的指令，此次豪上将前来，采取的是先礼后兵的策略。他被授权宣布，只要北美人民停止叛乱并恢复一切秩序，英国国王便可以宽恕他们。不久，豪上将就派布朗海军上尉为信使，前往纽约城内拜见华盛顿，并在招降书的封套上含糊地写着"华盛顿先生收"。这其实就说明：英方并不承认美国是个主权国家，因此也不承认他们的军衔职务。

对此，华盛顿及其下属认为这是英方对他们的侮辱。尤其是华盛顿，自从英法冲突中进入军界时，就总是遇到这个让他愤然的问题。现在，他作为一个独立的美利坚合众国的总司令，自然更重视这一关系到国家权力和尊严的问题了。

因此，华盛顿正告英国使者：作为一个弗吉尼亚种植园主和美国公民，他无权接见英国王室的使者；函件如系致大陆军的将领，他则拒绝接收没写明正式官衔的公文和信函，因为这关系到美利坚国格和民族尊严的问题。坚持获得对方的尊敬，是他对国家及其职务应尽的责任。

见信件无法递上，布朗上尉只好口头转达了豪上将信件中的内容，称只要大陆军放下武器，与英国政府和解，便能得到英王的宽恕。对此，华盛顿针锋相对地指出：

"没有过失的人无需获得别人的宽恕，美国人民的情况就是这样。他们今天的行为，仅仅是在捍卫自己毋庸置疑的权利而已。"

华盛顿这位大陆军总司令在与英方打交道时不卑不亢、自尊自爱的态度，获得了大陆会议和全体军官的一致赞赏，同时也让英军认识到：以华盛顿为代表的美军将领是不可侮辱的。

招降失败，英军便原形毕露，立即准备进攻纽约城。华盛顿很清楚，以自己1.2万的新兵抗击3万多名精锐的英军，显然是不可能胜利的。但大陆会议已决议死守纽约，华盛顿没有选择的余地，只能勇敢地肩负起保卫纽约的重任。

为了保卫纽约城，华盛顿采取了一系列措施来加强美军的防御工作，同时下令：立即遣散随军家属，将有通敌嫌疑的亲英分子立即迁移到远离纽约的地方，将军中所有的机密文件集中转交大陆会议保存，等等。

在对各方面的情报进行分析后，华盛顿判断，敌人很可能会派军队在长岛登陆，进攻布鲁克林高地。因为布鲁克林是一座横贯长岛的孤立山脉，与纽约城正面相对。如果英军占领那里，就会令纽约城完全暴露在英军炮火的有效射程之内。故而华盛顿马上派格林将军率领主力在布鲁克林高地驻守，然后自己率领一部分兵力镇守纽约市区。

然而，事后证明这一部署是错误的，因为部队主力集中在布鲁克林高地，一旦被优势的敌人包围，就有全军覆没的危险。偏偏在此时，精明干练的格林将军又因劳累过度病倒了，华盛顿只好调遣普特南将军接替格林将军的职务。这样一来，普特南将军所辖的部队指挥不灵，一些偏僻却很重要的道路都没有派兵据守。

8月22日清晨，长岛上空传来了炮声和射击声，英军已开始在长岛进行登陆了，这与华盛顿的判断相符。然而英军在进攻遇到美军的零星抵抗后，便停止了前进。这说明，他们还在进一步调整战略。

8月26日夜间，在夜色的掩护下，英军再次出动了。英军的右翼部队在亨利·克林顿将军的率领下，越过原野，直奔贝德福德山岭隘口。当他们打算发起进攻时，却意外地发现这里根本没有美军把守，于是顺利地占领这里，控制了美军的左翼。英军的左翼部队在格兰特将军的率领下，向美军右翼推进；由德海斯特中将率领的黑森雇佣军则从中间推进。这样，英军就对布鲁克林的美军形成了合围之势。

27日天刚刚亮，英军就对布鲁克林发起了总攻，打得美军措手不及。虽然美军作战勇猛，但在三面受敌的情况下，终因人数、装备等方面大大逊于英军而遭受到重大损失，死伤200多人，被俘近千人。

战斗打响后，华盛顿正好从纽约赶到长岛。他亲眼目睹了这场惨剧，但却无力制止，不禁仰天长叹：

"上帝啊，你让我失去了多少勇敢的弟兄啊！"

第十章 "费边"式撤退

> 我的政策向来是，而且只要我执政一天，将来也仍然是：
> 同地球上的一切国家保持友好关系，但也不受任何国家的支配
> 而保持独立；不参与任何国家的争端，……除非为了自我尊严
> 和国格所不可或缺的正义，否则我们决不卷入战争。
>
> ——华盛顿

（一）

长岛战役失败后，华盛顿对长岛战区的形势进行了冷静的分析。在遭受沉重的打击之后，美军元气大伤，不仅人员减半，将士们也都显得疲惫不堪，情绪低落；而英军由于打了胜仗，情绪异常亢奋，他们大军压境，跃跃欲试。同时，英军的舰队也在近海频繁游弋，准备与陆军偕同作战。一旦敌舰开入海湾，切断长岛与纽约之间的联系，美军就彻底成了瓮中之鳖，只有挨打的份儿了。面对这种形势，华盛顿当机立断，决定于当晚从海路撤出长岛。

深夜11点左右，呼啸的北风携带着团团黑云笼罩在纽约的上空，阵阵拍岸的涛声掩饰了美军在阵地上的细微响动。美军开始了悄悄的撤离行动，一个团接一个团的大陆军官兵离开阵地，悄悄地向东渡河口撤退。谁知道在撤退过程中不知何故，一门大炮突然发出了一声轰然

巨响，将行进中的美军吓了一大跳。所幸的是，英军并没有察觉。

渐渐地，浓雾从四面聚拢过来，遮住了附近的海面，船队顺利起航了。华盛顿是最后一个登船离岸的人。当看到船队在大雾的掩护下陆续到达对岸时，他才深深地松了一口气，在心中默默祈祷：

"上帝保佑，美利坚民族又渡过了一个险关。"

经过一整夜紧张有序的撤退，长岛大部分守军终于在天亮以前到达了对岸。结果除了数门重炮以外，美军安全顺利地将一切人员和物资撤运到纽约。

对于一个军事指挥官来说，不仅要能攻善守，还要善于撤退。能将数千人马的大部队从敌人的眼皮下面撤走，简直就是指挥艺术中的天才杰作。这一次巧妙而成功的突围，让华盛顿再一次名声大振。

8月30日清晨，豪将军一觉醒来时，布鲁克林高地上的美国乡巴佬们竟然奇迹般地消失了！他无论如何也想不到，华盛顿手下的士兵与英国那些只会列队前进的正规军完全不同，他们会"像流水一样绕过障碍，顺顺当当地流走"。

部队虽然安全撤出来了，可放弃长岛却使纽约失去了天然屏障，全市区已经完全暴露在英军的火力射程之内。如此一来，城内军民人心惶惶，整个部队的士气也因长岛一战的失败而一蹶不振。战士们虎口逃生，一个个情绪低落，开小差的人日益增多。

肩负守城职责的华盛顿见此情景心急如焚。9月2日，他在给大陆会议的信中写道：

我们的处境极其艰难。由于我军在上月27日受挫，士兵精神沮丧，悲观失望。民兵不但不尽力奋勇抗战以弥补我们的损失，反而灰心丧气，急于离队回家……我不得不承认，我对大部分军队缺乏信心。如果我们的自由不是用一支永久性的常备军来保卫，那么我们的自由就会处于危险的境地。

虽然华盛顿的情绪也很糟糕，但他还是恪尽职守。在研究英军的调动情况后，他得出结论：英军意欲以军舰有效地扼制正面防线，然后在大陆军背后占领阵地，切断美军与大陆的联系，将美军困在纽约，逼迫美军在人员、装备等极端不利的条件下决战，或无条件投降；或者以凶狠的突击将美军分割成块状，劫取他们的武器装备和军用物资，然后分而歼之。总之，英军的目的在于诱逼美军与其决战，以快速结束这场战争。

基于以上分析，华盛顿认为，如果不让敌人的阴谋得逞，就必须避免与英军决战，最大限度地保存自己的实力。9月5日，仍在病榻上的格林将军致函华盛顿，建议美军放弃可能被英军切断退路的纽约市区及岛屿。至此，华盛顿更加确信自己的分析是正确的。

（二）

9月7日，华盛顿召开军事会议，委员们经过反复讨论，最终决定：将美军分成三部分，普特南将军率兵5000人驻守纽约；西斯将军率兵9000人驻扎在曼哈顿高地，阻止英军的登陆企图；华盛顿自己则率领数团人马驻守在纽约与大陆之间唯一的通道国王大桥及其周围地区。

9月10日，大陆会议授予华盛顿放弃或保卫纽约的最高决策权。随即，华盛顿召开第二次军事会议。在会上，他不顾少数人的反对，坚决撤出纽约，并运走所有的军需物资。

与此同时，英军已在逐渐缩小包围圈，一步步向纽约城逼进。9月13日，分别装有40门和2门大炮的两艘军舰沿着东河而上，发射的排炮落在了美军人群当中爆炸，有一颗炮弹甚至落在了距离华盛顿约1.8米的地方。也许是天意，这位美军司令竟然毫发无损。华盛顿知道，英军已经开始行动了，他加快了撤退的步伐。

9月14日，美军撤至国王大桥。这座桥跨过斯皮登杜伊维河，是曼哈顿岛通往大陆的唯一桥梁。然而在这里，美军遭到了英军的突然截击，牺牲了数十人，部队一度出现混乱。华盛顿亲自在前沿沉着指挥，稳定军心，终于打退前方的英军。而后，华盛顿决定放弃纽约北郊的阵地，加快撤离速度，且战且退。

在撤退过程中，大陆军除了要对付敌人的进攻外，还面临一个更加严峻的问题：部队正在大量减员！由于形势日渐困难，人员伤亡十分惨重，导致军心不稳，一些民兵临阵脱逃，接着正规的大陆军士兵也加入到逃跑的行列。这种情况让华盛顿既愤怒又无奈，同时也更加急切地感到建立一支常备正规军的必要。

9月24日，华盛顿给大陆会议写了一封长信，信中首先以恳切的语言历陈了短期兵役制对战局所造成的弊害和组建一支常备军的理由。他写道：

> 我们的部队目前似乎面临着再一次瓦解。……对于常备军的提防及所担心的种种弊害，均非眼前所应考虑之事，按照我们目前的情况来看，我认为不足为惧。但根据我近来的一些想法，如果现在缺乏一支常备军，毁灭的后果将不可避免。如果要我宣誓作证，究竟民兵从总的方向来看是有益还是有损，我将会同意后者。

这封信虽然写得潦草，但却包含了大陆军血的教训和几个月来华盛顿对一些问题的认真思考，因此字里行间都闪烁着他的真知灼见和求实精神。

此时，大陆会议也已从事实中逐渐认识到组建常备军的必要性和紧迫性，因此很快就同意了华盛顿的主张，颁布命令：将大陆军改组为常备军，各州根据各自的能力按定额提供兵员。至于官兵的待遇问题，则基本上采纳了华盛顿的建议，提高军官军饷，给予在整个战争期间服役的士兵以一定的奖励。

此刻，华盛顿的当务之急是要判断英军的动向。不知何故，英军在获得一些胜利后忽然又按兵不动了。这让华盛顿大惑不解。据他推测，英军可能会进军新泽西，威胁大陆会议所在地费城。而事实上，英军此刻并没有采取任何行动，而是在等候补给品和援军。然而，英军的按兵不动使他们丧失了重创美军的良机，华盛顿的人马几乎全部在哈莱姆高地上集结起来。

10月下旬，美军在哈莱姆高地休整过程中，与英军发生了一次遭遇战，小挫英军，但并未令整个形势发生好转。

11月初，敌军主力部队突然放松对美军的追击，去向不明。华盛顿感到其中必有蹊跷，便派人四处打探消息。大约在7日前后，华盛顿获得准确情报：敌人各路部队正悄悄向华盛顿堡附近集结。华盛顿忽然意识到：英军很可能要夺取美军的这座屯兵要地。

华盛顿堡是位于哈德逊河突出部位的一座要塞，位于哈莱姆高地和利堡之间，储有大批的粮草等军需物资，格林将军正带领5000人驻守在那里，旨在阻止英军舰队从哈德逊河入侵内地。但事实上，这座堡垒对拦截敌人的舰队并没多大作用，眼下又面临被围困的危险。

因此，华盛顿马上写信给格林将军，要他尽早撤离该堡。可格林却不听劝告，固执地认为该堡具有重要的战略意义，且易守难攻。即使遇到危险，也能随时撤离，因此不能放弃。

11月16日，英军果然对华盛顿堡发动猛烈进攻。美军虽然拼死抵抗，但由于该堡面积狭小，大部队根本没有回旋的余地。结果美军死伤惨重，最后在万般无奈的情况下只能缴械投降。

当华盛顿获悉华盛顿堡失守，许多放下武器的士兵惨遭黑森雇佣军杀害时，忍不住失声痛哭……

（三）

华盛顿堡的失守，对逆境中的美军来说是一次重大的打击，损伤兵员2000多人，其武器装备在美军中也是较为优良的，而且还有大批的军需物资和粮草。然而紧接着，一次更为沉重的打击又落在美军头上。

这时候，查尔斯·李将军的职务是大陆军副总司令，带领4000人在距离华盛顿不远的地方驻扎。英军在夺得华盛顿堡要塞后，豪将军亲自率领5000名英军逼近李将军的部队，同时另派一支精锐部队直扑华盛顿的总部。

华盛顿在接到情报后，立即率部撤退到纽华克，避免在不利的情况下与敌军决战；同时命令李将军火速靠拢，两支主力尽快会合。然而李将军却拒不执行命令，找各种理由搪塞拖延，还称将会对敌发动小规模的袭击，活捉敌军部队首领罗杰斯等。其实，他的真实意图很明显：他看到华盛顿已处于最危难的时刻，与其帮他，不如让他一败涂地，这样自己就能担任大陆军总司令了。在他看来，这正是自己时来运转的好机会。

对于李将军托辞迟迟不率部前来会合，华盛顿感到极为不满。无奈之下，华盛顿只好率兵一撤再撤。11月28日，美军刚刚离开纽华克，撤向纽布伦瑞克，康华利所率的英军就进入到这一城镇。

华盛顿率部到达纽布伦瑞克后，仍迟迟不见李将军援军的踪影。12月1日，英军先头部队追至达利塔河对岸。华盛顿清楚，自己这支少得可怜的部队是无论如何也抵不过英军的，干脆三十六计走为上。于是，他命令部队拆毁达利塔河上的桥梁，阻止英军过河，自己则继续率部撤退。

12月8日，华盛顿率部到达特拉华，并在瑟瑟的寒风中渡过特拉华河，进入宾夕法尼亚境内。此时已进入寒冬季节，气温骤降，英军追至河边时，发现所有船只都被华盛顿带走了，只好停止追击，这才让华盛顿这支疲惫不堪的部队暂时获得喘息的机会。

随后，华盛顿再次致函李将军，让他马上率部前来会合，以防敌人运来船只继续追击，进攻费城。

就在华盛顿率领大陆军浴血奋战之时，李将军却在隔岸观火。在华盛顿的一再催促之下，李将军才开始以每天4800米的缓慢速度准备与华盛顿去会合。12月4日，他们才渡过哈德逊河。

12月13日，李将军在到达离莫里斯城不远的维尔城，将部队交给沙利文将军指挥，自己就宿于远离军营的一家客栈休息，结果不幸的事情发生了：尾随而至的英军骑兵突然包围了这家客栈，李将军束手被擒。

英军在俘获了李将军后欣喜若狂，鸣炮以示庆祝。他们苛刻地对待这位曾在英军部队中服过役的美军高级将领，使这位傲气十足的将军受到了种种侮辱。而他指挥下的4000名美军，全部由沙利文将军带回到华盛顿麾下。

自从1776年下半年以来，美军的独立事业因一系列的挫折和失败处于严重的危机之中，致使整个大陆军因连遭败绩而意志消沉。现在，严冬又到来了，更令缺吃少穿的大陆军雪上加霜。英军报刊因此预言：大陆军行将"土崩瓦解"。

在这种困难的形势下，华盛顿会如何打算呢？此时，他品质中光辉的一面显露出来。虽然他心情沮丧且屡屡受人非难，但仍以极大的坚韧、勇敢以及深深的责任感坚持着他那困难重重的职责，决心为捍卫自己国家的独立事业抵抗到底。正是在这种不屈不挠、坚定不移的精神鼓舞之下，才使美国人民的独立事业在极其艰难的形势下能够继续下去。

华盛顿小时候个头要比同龄人矮小，又很调皮，因此在学校里常被同学们欺负，这一点母亲也早有所闻。有一次，受到欺负的华盛顿回到家向母亲控告同学们对他的不敬。母亲说："没人愿意踢一只死狗。"后来华盛顿长大后才理解这句话，其哲学含义便是：如果一个人没有全面的知识，没有出击的资本，终将没人理会。

第十一章　特伦顿与普林斯顿捷战

衡量朋友的真正标准是行为而不是言语。

——华盛顿

（一）

1776年的冬天，战败的美军遭遇了前所未有的艰难，但华盛顿觉得，眼下部队最缺乏的不是粮食、衣服，也不是枪支、弹药，而是一种精神，一种高尚的爱国情操和勇敢无畏的献身精神。因此，必须想办法提高部队的士气。只有这样，部队的士气才能重振，才有勇气战胜敌人。

在这期间，华盛顿经常想起《常识》的作者托马斯·潘恩先生。当初他所写的这本小册子，让无数美国人都受到了巨大的鼓舞，从而坚定地走到民族独立的旗帜之下。正好潘恩先生现在是格林将军的副官，因此华盛顿找到他，希望这位民主斗士能在革命面临困难的紧要关头，继续用他那犀利的笔锋为革命出力，给大陆军以精神上的鼓舞。

潘恩为华盛顿的真情所感动，立即着手写作。每晚宿营，他都在微弱的灯光下奋笔疾书。12月19日，潘恩发表了一篇题为《美国危机》的文章，以高亢激昂的笔调赞扬了华盛顿的坚定信念，鼓励战士们继续为正义事业而战斗。文章指出：

> ……考验人们灵魂的时刻到了。在这次危机当中，那些意志薄弱的人们——那些只能过好光景的士兵和只能在顺利环境中当一名志士的人们，现在对于为祖国、为人们服务却畏缩不前了。只有现在还真正经受得住考验的人们，今天才值得全美利坚合众国上下全体人民爱戴。

潘恩的文章让华盛顿再一次受到鼓舞。为了鼓舞士气，他下达命令：在战斗之前，必须在动员会上高声宣读《美国危机》。从此，大陆军士兵总是高呼这样一个口号——"考验人们灵魂的时刻到了"。这个口号极大地鼓舞了士气，伴随着美国民族革命战争从失败中逐渐走向胜利。

转眼间，圣诞节就要到了，美国独立战争的第一个年份——1776年即将结束，北美大地上空风高云集，阴霾密布。如何迎接这个盛大的节日？此时，华盛顿的心中酝酿出一个大胆的计划。

自从华盛顿堡失守后，华盛顿一直都在考虑发动一次对英军的突袭战，狠狠地打击一下英军，煞一煞英军的嚣张气焰。12月中旬，约翰·卡德瓦拉德上校率领一支费城支援部队赶来增援，为大陆军补充了新鲜血液；12月20日，沙利文率领李将军的残部赶到华盛顿这里报到。这样一来，大陆军的总兵力就增加到近6000人。而此时，全军又读了潘恩的《美国危机》，士气再振，战士们纷纷要求上阵杀敌。更重要的是，马上就要到圣诞节了，在这狂欢的日子里，骄横的敌人一定会麻痹大意，疏于戒备，正是美军发动突袭的好机会。时下已是12月下旬，不久寒潮一到，特拉华河就会结冰，那时英军就会从冰上向美军发起进攻。因此华盛顿认为，抢在敌人行动之前突袭一次，时机已经完全成熟。

12月25日傍晚，华盛顿统率一路人马共2400人，携带20门小炮，悄悄来到麦康基渡口，准备天黑后在夜色掩护下急速渡河。

日落时分，部队开始登船渡河。此刻的天气仿佛有意考验这支处境已相当艰难的军队，变得异常寒冷，刺骨的寒风怒号着，鹅毛般的大雪漫天飞舞。所幸的是，漆黑的夜晚成了这支部队的天然掩护物。

由于气候恶劣，河面上风急浪高，原定半夜12点以前渡过全体人马的计划直至凌晨4点才完成。这样一来，天明之前袭击驻扎着英军的特伦顿已不可能了，华盛顿下令：将部队分为两路，一路由他亲自率领，迂回到特伦顿北侧；另一路由沙利文将军指挥，从特伦顿西面向特伦顿发起攻击。

随即，华盛顿一声令下，两路队伍分头行动。厚厚的积雪减轻了美军前进时的脚步声和炮车发出的咕噜声，一路上也没有被敌人发现。

26日上午8点左右，华盛顿部到达特伦顿附近的村庄，在一个砍柴人的帮助下，先头部队迅速控制了敌人的前哨部队，接着便杀入村中。激烈的枪炮声惊醒了还在睡梦中的黑森雇佣兵，特伦顿立刻陷入一片混乱之中，许多人未及穿好衣服，就急忙拿起枪仓促应战。

不久，华盛顿便率领他的部队一鼓作气冲入了特伦顿主街——国王大街。一路上，他身先士卒，使手下左右极为担心。他们多次恳请这位总司令退到安全地带指挥战斗，但已经激动起来的总司令早已忘记了自己的安危。

此时，沙利文将军率领的部队也开始从西侧向特伦顿发起进攻，使英军受到了两路夹击，被打得晕头转向，主帅拉尔上校也在混乱之中被枪弹打中。黑森官兵们见主帅落马，顿时如无头苍蝇一般，乱成一团，拼命向四方逃脱。华盛顿立即派兵对英军围追堵截，走投无路的敌军见无路可走，只好纷纷缴械投降。

这时，威尔金森少校跑来向华盛顿报告：受伤的拉尔上校已经交出了他的指挥刀。华盛顿听后，激动得难以抑制心头的喜悦之情。他拉着威尔金森的手，兴奋地喊道：

"这是我们国家的一个光荣的日子！"

特伦顿战役取得了辉煌的胜利。根据战后统计，大陆军俘敌千余人，击毙22人，伤者不计其数；而大陆军方面只受伤5人，死亡2人。在美军全线败退、悲观失望笼罩全国的日子里，华盛顿力挽狂澜，出其不意地给英军以狠狠的一击，不仅煞住了敌人的嚣张气焰，令战局得以缓解，还大大鼓舞了人民的抗战热情。很快，全国再一次掀起报名参军的热潮，就连那些服役期满的老兵也纷纷返回部队，请求再战，为国家的独立和解放贡献力量。

（二）

特伦顿战役后，有人主张华盛顿应乘胜追击英军残部，以扩大战果，但华盛顿没有接受这一建议，他很清楚：特伦顿战役只是一场局部的战斗，敌强我弱的整体局面并没有发生改变。况且，敌军的主力部队就在附近，随时可能前来报复。因此，华盛顿率领部队撤出特伦顿，渡河返回宾夕法尼亚境内，让部队得以短暂的休整。

鉴于华盛顿在特伦顿战役中的出色表现，大陆会议在1776年12月27日做出一项决定：将军事指挥权全部授予华盛顿将军。

对某些人来说，这也许正是他们梦寐以求，甚至是不择手段追逐的目标，可对华盛顿来说，这既是一种崇高的荣誉，又是一种神圣而艰巨的使命。在给大陆会议的回信中，华盛顿用简练的语言表达了自己对这一问题的见解，他写道：

　　大陆会议将军事职责方面的最高的和几乎无限的权力授予我，让我感到无比荣幸。但我决不认为，大陆会议如此信任我，我就可以不履行公民的义务。我时刻牢记：刀剑是维护我们自由的不得已手段，一旦自由权利得以确立，就应将它们弃之一旁。

　　特伦顿战役结束后，已是1776年年底，宾夕法尼亚兵团的士兵服役期将满，士兵纷纷盼望回家。但面对强敌，让老兵走光对兵力本来就不足的华盛顿来说，自然是一个巨大的压力。为此，华盛顿充分利用大陆会议授予他的权力，向费城的豪绅申请专项借款，发给士兵服役超期补贴。除了经济上的补偿之外，他还积极进行宣传说服工作，最终有200多人表示自愿延期服役。

　　经过两天的短暂休整，华盛顿决定抓住有利时机，趁敌人惊魂未定之际追击残敌，收复新泽西。于是，1776年12月29日，华盛顿再次率军渡过特拉华河，进入新泽西境内。

　　与此同时，为牵制敌人，免遭敌军主力的围歼，华盛顿还派出几股小部队在敌人的侧翼频繁活动，不断袭扰敌人。另外，他还派出几支精锐的侦查部队四下打探敌人的位置和动向。

　　12月31日，华盛顿从被俘的英军那里获悉：康华利勋爵已率领一支7000人的援军到达普林斯顿，与特兰特将军属部会合，目前正准备向特伦顿进军。

　　面对优势的英军压力，华盛顿感到进退两难：放弃已收复的新泽西部分地区，退回特拉河西岸，势必给刚刚振奋起来的美军士气带来不利影响；但要在没有援军的情况下，靠目前微弱的兵力抗击强大的英军，无疑又是自取灭亡。

　　为此，华盛顿立即命令其他部队前来与之会合，然后将主力部队部署在通向普林斯顿大道两旁的丛林地带，阿森平克河的东岸，并将所有大炮都部署在可控制渡桥和河滩的制高点上，准备迎击来犯的英军。

1777年1月2日下午，康华利将军率领的英军主力赶到，向隔着阿森平克溪的美军发起进攻。但在美军炮火的猛烈轰击下，英军纷纷溃退下来。至夜幕降临时，双方暂时休战，燃起灯火，隔岸对峙。而英美双方的军事将领们也趁着这份宁静分别制定下一步的作战计划。

英军方面，康华利的副官建议，应趁美军不备，当夜就向美军发起袭击，一举歼灭美军。可自鸣得意的康华利却没有理会这位下属的建议，他认为：美军现在已经是瓮中之鳖了，根据他的计划，他将于第二天，即1月3日这天，与普林斯顿方面前来的英军会合，夹击美军，届时胜利自然是万无一失。

美军方面的总司令华盛顿此刻正在为美军的危险处境而焦虑不已。虽然刚刚打退了康华利的进攻，但却很难长期守住渡口，还要提防普林斯顿的英军从背后袭击。如果两方优势兵力同时夹攻，后果将相当严重。

忽然，一个大胆的念头从华盛顿的脑海中闪现出来：既然英军主力已集结于特伦顿，普林斯顿的英军守军必然空虚。如果避实击虚，突袭普林斯顿，既能让美军摆脱目前的困境，又能化被动为主动，打乱敌军的部署。

于是，华盛顿马上召开紧急军事会议，提出自己的这一方案，立刻得到了与会者的一致赞同。

（三）

会议结束后，华盛顿为了迷惑敌人，特命令士兵在营地内燃起篝火，还派人在英军所能看到的地方佯装挖掘工事，巡逻也照常进行。隔岸的英军对美军的活动深信不疑。

而此时，华盛顿已经集合队伍，准备快速赶往普林斯顿了。4日凌晨，默塞尔将军率领先头部队350人终于抵达普林斯顿郊外1600多米处。

驻守在普林斯顿的英军有3个团，天刚刚放亮便开始行动，准备前往特伦顿方向与康华利会合。不久，由毛霍德率领的一个团出发，刚好与美军先头部队相遇，双方展开了激烈的对攻战。毛霍德以为这支美军是被康华利勋爵打散的逃兵，因此一面向他们发起猛攻，一面派人前往普林斯顿，催促另外两个团英军前来助战。不一会儿，仅有350人的美军在英军的强大攻势下渐渐不支。默塞尔将军身先士卒，英勇牺牲，失去指挥的美军节节败退。

就在这关键时刻，听到激烈枪炮声的华盛顿知道默塞尔一定是遇到了劲敌，急速从小路率军赶来支援。他骑在高大显眼的白马上，冒着英军的炮火，疾驰向前，指挥战斗。

在华盛顿的带动下，惊慌失措的士兵重新集合起来，与主力部队一起全面压上，将英军打得人仰马翻。20分钟后，英军便被打得溃不成军，纷纷向特伦顿方向逃窜。

与此同时，美军的另外两路人马也投入了战斗，圣克莱尔将军和沙利文将军将英军的第二个团击溃，残兵败将向布伦斯瑞克方向逃窜。最后的一个团因安排在行军序列之后，未能及时赶来参战。

此番巧袭普林斯顿的战斗，美军共击毙敌军100余人，俘虏300人，其中包括14名军官，取得了继特伦顿战役后的又一次胜利。而美军方面在这次战斗中仅损失了30人，但最可惜的是失去了一员英勇善战的将领级指挥官默塞尔，这让华盛顿感到十分痛心。

这天黎明，康华利率领主力部队杀过河去，准备全歼美军，结果却发现对面早已人去营空。康华利以为华盛顿又故伎重演，像在长岛战役中那样悄然逃遁了。等到太阳升起，便听到普林斯顿方向传来阵阵炮声，才骤然明白自己已经中了华盛顿声东击西的圈套。

康华利担心那里的三个团兵力根本不是美军对手，更担心布伦斯瑞克的军需物资被美军劫走，急忙命部队快速前往援救普林斯顿。但为时已晚，沿途的桥梁已被美军破坏，他得修好大桥后才能让炮车通过。情急之下，康华利不顾河水的冰冷，强令部下涉水渡过齐腰深的溪河继续前进。

然而，当康华利率军终于抵达普林斯顿时，迎接他的却是一座弹痕累累、空无一人的弃城。

康华利估计，美军一定是前往布伦斯瑞克去抢夺他的军需仓库了，于是不敢耽误，立即向布伦斯瑞克方向进发。但一路之上美军踪影全无。他哪里知道，华盛顿已在特伦顿改道，前往莫里斯城了。

奇袭特伦顿，巧攻普林斯顿，接连两战告捷，结束了美军一直以来被动挨打的局面，在一定程度上扭转了战局。由于军事上的胜利，华盛顿的名声也远扬欧美，奠定了他在美国政治和军事领域中的领导地位。一些欧洲政治家和将军称华盛顿为"美国的费边（古罗马著名的政治家、军事家，杰出的统帅，以挽救罗马于危难之中而著称于史册）"，以表达对他在撤退中歼灭敌人有生力量的作战原则的赞赏。与华盛顿同时代的腓特烈二世盛赞华盛顿领导的这两次战役是"军事编年史上最光辉的成就"，并专门赠送一张自己的肖像给华盛顿，上面的亲笔题词颇有意味：

"欧洲最年老的将军致世界上最伟大的将军。"

第十二章　撤出费城

　　向所有国家奉行真诚和正义，跟所有人一道促进和平
与和谐。

——华盛顿

（一）

　　华盛顿之所以将部队带到莫里斯城，是因为那里的地理位置十分有利，进可攻，退可守，尤其对打袭击战非常有利。起初，华盛顿并没有打算在莫里斯长期驻守，只想让部队在这里暂时休整一下，再作抉择。但很快他就发现了莫里斯的优点，因此选定这里安营扎寨，准备较长期地在这里整顿部队，提高部队的作战素质，训练出一支新型的正规军。

　　在莫里斯城，大陆军的第一期任务是全面休息，恢复体力；第二期任务是训练新军。根据大陆会议的决议，计划征募16个步兵团，3个炮兵团，一个工兵团和3000名轻骑兵。

　　为了招募人才，华盛顿既从部队原有的军官和士兵中选拔培养军官，又不拘一格地从外面广泛招揽人才。不分出身门第，不分宗教信仰，不问属于哪个州，甚至不排除选拔外国人士，只要具备真才实

学，效忠或同情美国独立事业，就会被委以重任。

这是一种极其开明并极具气魄的用人政策，体现了华盛顿高尚的人格魅力和任人唯贤的恢弘气度，因此也吸引了大批有胆识、有才学的热血青年纷纷前来从军，为大陆军增添了勃勃生机。

华盛顿还对军事编制进行了重新调整，将手下官兵划分为5个师，分别由5位少将指挥，下辖10个旅，由10位准将指挥，总兵力为43个团，约7300人。

1777年5月底，经过休整和扩军，大陆军的面貌焕然一新，全军上下士气高涨。随后，大陆军转移到距英军据点纽布伦瑞克不到16千米的米德尔布鲁克安营扎寨。

到此时为止，战争已经进行两年了。一向为英军所蔑视的美军不仅没有被打垮，反而由弱变强，愈战愈勇，这让英王及其内阁极为恼怒。他们大骂英军将领是无能之辈，并一再催促他们尽快结束战争，歼灭美军。

基于这种思想，英军内阁在1777年制定了一个大胆的冒险进攻计划：兵分三路攻取奥尔巴尼，切断美国革命的中心地区——新英格兰与外地的联系，然后对美军主力进行重兵围剿，各个歼灭。这三路兵力的第一路由柏高英将军率领一万英军从加拿大南下至哈德逊河畔，进攻奥尔巴尼；豪将军则率部北上，与柏高英将军在奥尔巴尼会合；第二路由圣纳杰尔中校率领，从安大略湖进攻奥尔巴尼，与柏高英和豪将军会合；第三路由克林顿将军率领，从纽约出发，沿哈德逊河口北上，与其他两路军队对美军形成夹击之势。

英军的战略计划是在伦敦制定的，前线将领须接受大洋彼岸的遥控指挥。然而英国政府主管此事的殖民大臣热尔曼因忙于度假，竟然忘记将该计划通知豪将军。结果，一向自以为是的豪将军便自行其是了。豪将军没有北上与柏高英将军会合，而是于6月初独自率领8000名英军从纽约开往纽布伦瑞克。这次豪将军的主要目的表面看是向费城进军，但其实是想诱使美军出来交战，将其歼灭。华盛顿看出豪将军的意图是引蛇出洞，因此命令所部不予理睬。

6月中旬，豪将军率部由纽布伦瑞克出发，经由华盛顿的驻地近郊大摇大摆地走过，假意进攻费城，引华盛顿出来交战，但华盛顿依然没有理睬。

6月19日，豪将军所部突然退兵，按原路返回纽布伦瑞克，以为这样华盛顿就会出来追杀。哪知华盛顿只派了一个小分队尾随英军进行骚扰，主力依然不出动。

豪将军见华盛顿不"上钩"，又施展一招更狠的激将法：命令士兵一路烧杀抢掠，任意横行，沿途百姓遭到了英军的野蛮蹂躏。将士们都怒不可遏，纷纷请求出击，华盛顿也义愤填膺。思忖再三，他决定派遣一支精兵部队，对英军的后卫部队进行袭击，并命令打完后马上撤回。

随即，一支部队出发了，豪将军以为华盛顿这次上当了，命令部队马上直攻米德尔布鲁克的美军营地。哪知美军的主力并未出动，还在牢牢地控制着阵地，倒是那支精英小部队消灭了不少英军人马。

豪将军黔驴技穷，不知这仗下一步该怎么打。无奈之下，只好于7月1日撤出东新泽西城。

（二）

就在华盛顿绞尽脑汁分析敌人的动向时，北部战场传来消息，称柏高英部已由英属加拿大南下，占领了提康德罗加，目前正准备向奥尔巴尼挺进。按计划，柏高英将南下与豪将军会师。

　　提康德罗加的守将圣克莱尔是一位苏格兰职业军人，军事经验相当丰富，作战也很勇敢。当时，虽然他手下的守军不足4000人，装备也很差，但整个部队的士气非常高昂。在得到英军进犯的消息后，圣克莱尔马上命令加强修筑防御工事，决心守住该城。他在给华盛顿的信中一再表示：提康德罗加的防线"固若金汤"，英军来犯简直就是"自寻死路"。

　　然而，圣克莱尔在部署兵力时却出现了两个致命的漏洞，结果被英军四面包围，切断补给线，制高点也很快落入敌人手中。圣克莱尔思索再三，最终放弃守城，选择突围转移，以保存部队的实力。

　　部队在开始撤退时，行动迅速，有条不紊，眼看就能突出包围了。就在这关键时刻，一些蓄意帮助英军的王党分子在独立山上突然燃起大火，火光引起了英军注意，并立即对正在移动的美军发起攻击。结果圣克莱尔将军组织的这场有组织有计划的转移立刻变成了一场大溃退，重武器和军用物资丢失殆尽，人员伤亡难以计数。这支残部经过七天七夜的艰难跋涉，7月12日才终于回到爱德华堡。

　　华盛顿最担心的事情终于发生了。美军在北线的失利，不仅导致人员和物资大量损失，更重要的丢失了一个军事据点，在全国民众当中引起了一片恐慌。

　　提康德罗加失守后，北部战区的形势日益恶化，但经过两年的战争锻炼，美军广大将士们的军事素质和革命意志已经有了很大的提高，他们并没有因为这次战役的失利而气馁。华盛顿命令他们积极行动起来，寻找战机，给敌人以狠狠的打击。因此，在1777年的7—8月间，美军小规模活动非常频繁，对英军进行了多次有力的出击，其中有两次出击行动格外出彩。

　　一次是发生在7月下旬，由巴顿中校率领40名民兵，夜晚悄悄乘小船驶入罗德岛西岸，混过敌军的重重封锁线，一直潜入罗德岛最高军事指挥部，将睡梦中的指挥官普雷斯科特将军活捉，而后神不知鬼不觉地顺利返回。普雷斯科特是英军驻罗德岛的总指挥官，以凶悍残暴而出名，对美国人民犯下了许多罪行，因此他的被俘在全美引起巨大反响，人们纷纷奔走相告。大陆会议为此还专门作出决定：授予巴顿将军上校军衔，并赠予他一把军刀。

另一次突击行动是发生在8月下旬，驻新泽西汉诺佛的一支美军部队在沙利文将军的率领下，突袭斯塔滕岛上的英军。这次行动高度保密，速度奇快，可谓出其不意，攻其不备，1000名英军几乎来不及抵抗就纷纷缴械投降。但由于英军大部队迅速前来支援，美军船只不足，部队在撤退时遭受较大损失。

这些袭击虽然暂时稳住了北部地区的形势，但华盛顿最担心的还是豪将军的动向。自从7月初离开新泽西后，他就率部随舰队在沿海游弋，不时地出没在各个不同的地方，像是故意与美军捉迷藏。

8月22日，正当华盛顿准备率军北上进军纽约之时，突然收到新情报：英国舰队已经驶入切萨皮克湾。华盛顿由此得出结论：豪将军进到切萨皮克湾内这么靠北的地方，一定是想走这条路直取费城。既然英军的意图已经明朗，华盛顿决定立即前往迎敌。

8月25日，豪将军开始率领英军在切萨皮克湾登陆。这里距离费城只有70千米，华盛顿马上派出几支小部队前去进行骚扰性袭击，以滞缓英军前进。

9月初，英军主力登陆，随即便兵分两路，气势汹汹地向费城方向扑来。9月5日这天，华盛顿向美军发出动员令。他认为，敌人曾从新泽西方向两次图谋费城，但都没得逞，这次他们一定会孤注一掷。如果他们这一次也失败了，战争便可能就此结束。因此，成败在此一举。华盛顿充满信心地说：

"我们进行这场战争，同无数的困难搏斗，如今已经两年了，光明的前景已经翘首可见。人们历尽艰辛，现在该是收获果实的时候了。如果我们拿出英勇气概来作战，这第三次战役将是我们最后一次战役。"

（三）

1777年9月8日，华盛顿率领主力部队渡过布兰德温河，10日晚占领了北岸的查德堡，随即派沙利文将军驻守该堡北面的高地，形成主力部队的后翼，命令宾夕法尼亚民兵驻守左翼。

华盛顿刚刚部署完，豪将军的大部队便开进距离布兰德温河仅7千米的地方，并严密封锁了消息。

11日清晨，英军开始向查德浅滩发起猛攻，双方展开激烈交火。随后，英军几次企图冲过浅滩，都被美军阻拦住了。上午10点左右，华盛顿得到消息称：美军已成功挡住英军的进攻。但此刻，华盛顿心中却产生了疑惑：敌人的几次进攻规模并不大，但火力却十分凶猛，好像是虚张声势，难道这里不是英军的主攻方向？

华盛顿马上派出侦查部队，命令火速查清英军主攻方向。很快，侦查消息传来：康华利已率部出现在布兰德温河上游的高地前，从侧面包抄沙利文部，并以优势兵力发起猛攻，将沙利文部赶出了阵地。

华盛顿大吃一惊，直呼"上当了"！他立即命令沙利文部全力反攻，夺回失去的阵地；同时命令格林的后备部队火速前往支援，但已无力挽回败局。美军虽然受到康华利和克尼普豪森两部的夹击，但仍英勇抵抗，两军在查德浅滩和布兰德温河上游展开了殊死搏斗。

到傍晚时分，战斗了一天的美军渐渐不支，华盛顿赶紧下令：两翼部队向中路靠拢，边打边撤退。英军也已打得筋疲力尽，遂停止追击。

晚上，华盛顿将打散的部队重新集结起来，然后连夜向费城方向退去。布兰德温战役以美军的失利而宣告结束。

布兰德温战役失败后，费城便失去了它的天然屏障，陷落已是不可避免。于是大陆会议作出决定：撤出费城，将会址迁往约克镇。同时，大陆会议还对华盛顿表现出了充分的信任，授予华盛顿为期60天的非常权力，包括任命准将以下的军官，征用一切军需品，运走或埋藏可能落入敌手并对敌人有利的物资等，还号召全体爱国者行动起来，给予华盛顿领导的美军以强大的支持。

9月26日，豪将军派康华利率领一支英军部队，以胜利者的姿态趾高气扬地开进了费城，自以为给这次军事行动划上了一个圆满的句号。

然而，从整个战局来看，占领费城却让英军从此失去了有利的态势。这是因为，英军在1777年的战略部署是北上会师，而豪将军却擅自行动，占领费城，不仅未能实现分割美军的战略意图，还导致自己的兵力过分分散。对于外线作战的英军来说，这是犯了兵家的大忌。

这种不良的后果在北部地区表现得尤为明显。柏高英从英属加拿大远途而来，部队供给已相当困难，此时又失去了与豪将军的联系，陷入空前的窘境。而且因为没有豪将军的威胁，北部的美军在广大民兵的配合下，对柏高英的部队四面围击，为后来歼灭这支英军创造了条件。

所以，当许多人为费城的失守而悲观难过时，华盛顿却以十分镇定的态度看待这件事。他指出：战争的胜负不在于一城一池的得失，关键要看能否把握战机，歼灭敌人的有生力量。目前英军虽然占领了费城，但未必是件坏事。费城失陷后不久，华盛顿在给大陆会议的一封信中就指出：

"……事实将证明，他（豪将军）攻占费城并没交上什么好运，相反，只会招致他的覆灭。"

很快，这位总司令瞅准的机会就来了……

一天，华盛顿问起哪里可以买到好马，李上校说："将军，我有两匹好马，可我不能给您。"华盛顿忙问为什么。李上校回答说："因为您不论买什么东西最多都只肯出半价，而我的马是少一分钱也不卖的。"华盛顿夫人听完后这个玩笑后大笑起来，她身后的鹦鹉也模仿着大笑。谁知华盛顿对这番有伤自尊的话一点都不介意，反而诙谐地反击说："你真好笑！瞧瞧，就连那只鹦鹉都在笑你了！"

第十三章　萨拉托加大捷

唯有冷静的理智才能建立起永久的、人人平等的国家。而企图在民众的骚乱中获得冷静的理智与企图在凶残的暴君统治下的黑暗法庭上获得人民的自由一样，希望渺茫。

——华盛顿

（一）

费城失陷后，美军并没有像以往那样惊慌失措，这支新败之旅在华盛顿的率领下井井有条地进行转移，与英军在费城周围地区展开周旋，并进行了一系列的战斗，取得了一些战果，但也付出了代价。不过，从整个战局来说，美军所付出的代价是完全值得的，因为华盛顿的这一举措将英军的主力部队牢牢地拴在中部战场上，让他们无法北上与陷入困境中的柏高英部会合。这就意味着，英军无法实现自己的战略计划，而美军则可以在战略上掌握主动性。尤其是在北部战场上，美军已逐步掌握军事优势，柏高英部队的覆灭已经指日可待。

但是，与英军实力相差悬殊的美军一时还无法抵挡住气势汹汹的英军。自从柏高英入侵美国北部以来，一路攻夺城池，势如破竹。7月6日，英军夺取北部重镇提康德罗加；7月7日，攻占哈巴特顿；7月29

日，又攻占了哈德逊河上游的军事要塞爱德华堡。尤其是提康德罗加的陷落，在美国引起一片恐慌。人们普遍认为，在这一北部要塞失守后，美国军队已无法阻挡英军的长驱南下了。英军方面也因此得意洋洋，以为大功即将告成，奥尔巴尼已经是囊中之物。

华盛顿很清楚，北部的战争形势对整个美国革命有着不可估量的影响。尽管提康德罗加的陷落对美军很不利，但他仍然坚定地支持北部守将斯凯勒将军在北方战区采取的任何行动。斯凯勒将军写信给华盛顿，主张诱使柏高英更进一步深入腹地。华盛顿赞成这个办法，并乐观地认为：

"柏高英部迟早会被有效阻遏，而且正像我以前说过的，他已得到的胜利只会加速他毁灭的来临。"

在紧要关头，华盛顿还派遣自己最信任的军官之一阿诺德将军前往北部，担任斯凯勒将军的副手，全力阻止柏高英的部队。

华盛顿的乐观估计是有依据的，英军之所以能逼退美军，是因为他们可以利用船只将部队和辎重沿着香普兰湖快速运行，直抵要塞。然而，他们要走的下一段路可没那么好走，它必须穿过160千米的荒野和丛林。柏高英不可能在如此漫长的战线上建立有效防线，保障供给。这样一来，英军每行动一步，都要付出巨大的代价，柏高英已经陷入到进退维谷的境地了。

就在斯凯勒将军的诱敌深入战略开始奏效时，8月4日，大陆会议未经征求华盛顿的意见，便任命盖茨将军取代了斯凯勒将军为北部战线司令。华盛顿指示盖茨和阿诺德：现在还不可与敌军决战，最好是围而不攻，断掉他们的外援，等敌人弹尽粮绝、军心涣撒，再予以致命的打击。盖茨将军接受了华盛顿的忠告，到达北部战区后便命令部队和民兵对敌人进行重重围困和封锁。不久，美军的围困战术出现了效果。

（二）

到了8月中旬，困守待援的柏高英部，军需和粮食已消耗殆尽，士气低落。柏高英不甘心失败，为了显示一下英军的威力，也为了劫掠美军的粮食和物资，派出一支700人的队伍向本宁顿方向扑来，结果早已埋伏在附近树林中的北美民兵突然杀出，给敌人以猝不及防的打击。这支英军队伍损失惨重，指挥官也命丧黄泉。

本宁顿战役显示出民众参战的巨大威力，也激发了广大民兵作战的热情。他们纷纷组织起来，前来助战。此时，华盛顿从中部地区调来的援军也到了，美军人数超过英军一倍以上。

9月19日，柏高英将军寄期望于纽约方面的英军来援，继续按原计划渡过哈德逊河向奥尔巴尼推进，但遭到了阿诺德部队的重创，损失惨重。

10月7日，不甘心失败的柏高英又一次卷土重来。盖茨将军得到报告后，决定马上对英军进行包抄痛击，两军在弗农曼农庄展开激战。正在这时，骁勇的阿诺德将军率援军赶到。他一马当先，左杀右砍，在他的激励下，美军将士个个奋勇争先。阿诺德将军腿部中弹，血流如注，但仍坚持在前沿指挥战斗，极大地鼓舞了美军的士气。柏高英见美军攻势凌厉，英军伤亡惨重，只好仓皇退却。

屡战屡败的柏高英将军，决定率军退向哈德逊河东岸的萨拉托加要塞，企图在那里等待援军或伺机突围。而尾随而来的美军和民兵趁势将萨拉托加这座古城团团围住。

经过这一系列的失败，英军已经筋疲力尽，弹药粮草也几乎消耗殆尽。沮丧悲观的情绪在全军中蔓延开来，士兵们纷纷开小差，全体印第安人更是不辞而别，悄悄返回了自己的家园，英军的兵力从9000余人迅速下降到5000人。而美军此刻得到各地民兵的增援，人数和实力大增，总数增至1.2万人。

然而，萨拉托加也不是久留之地，随着美军包围圈的缩小和物资的日渐匮乏，援军又杳无音讯，被围困的英军走投无路，部队将士一派混乱。柏高英无奈之余，召开了一次充满悲剧气氛的军事会议，商讨下一步该如何行动。几乎没有争论，与会者一致同意向美军投降。

10月14日，双方就投降条件达成协议：以不在美国境内服役为前提，允许投降的英军自由前往欧洲。17日，柏高英在投降书上签字，5000多名英军正式缴械投降。不久后，英军撤出提康德罗加和独立山阵地，北部地区的战事基本结束，美军从此摆脱了军事上的劣势，开始从战略防御转入战略进攻阶段。

萨拉托加大捷对美国的独立战争产生了巨大影响。由于这支英军的投降，美军缴获了大量的武器弹药和军用物资，大大加强了美军的战斗力量；而英军的实力却由于此次战役的失败被大大削弱。

同时，这次战役的胜利也改善了年轻的美利坚合众国的外交处境。1778年，一直犹豫不决的法国从萨拉托加大捷中看到了美国人民的力量，遂与美国缔结同盟条约，投入到反英斗争的行列。在法国的影响之下，西班牙也参加了反英斗争。此后，丹麦、瑞典、普鲁士等国，也纷纷成立了有利于美国的"武装中立"联盟。国际形势朝着有利于美国人民的方向转变，这对独立战争的胜利起到了很大的推动作用。

（三）

萨拉托加战役结束后，美军的主要战场开始向南部转移。费城沦陷后，康华利部便以胜利者在姿态占据了费城，而豪将军则率主力部队驻扎在距离费城仅9.6千米的日耳曼城。

此时，华盛顿正率领部队在费城附近地区艰难跋涉，与英军周旋。华盛顿在战略意图上主要注重三个方面：牵制豪将军的主力，令其无法北上与柏高英会合；充分利用群众和民兵力量，从水路和陆路切断敌人的供应线；避免与敌人主力发生决战，寻找有力战机，歼灭敌人。

为打破美军的封锁，英军决定水陆并进，攻克特拉华河沿岸的各堡垒，扫除水中障碍物。英军的这一动向很快就被华盛顿获悉，他果断决定：趁敌人兵力削弱之际，对敌人的老巢日耳曼发动一次突袭。

10月3日夜间，美军悄悄地出发了，并于次日凌晨赶到日耳曼镇，向英军发起进攻。在美军的强烈攻势下，英军不断后撤，一股敌人躲入丘氏宅邸负隅顽抗。这时，诺克斯将军命令部队停止冲锋，对丘氏宅邸发动攻击，结果因该建筑物十分坚固，美军又未携带重武器，整整耗费半个小时也未攻下，还造成了重大伤亡，最终不得已放弃了对丘氏宅邸的进攻，继续前进。但这样一来，美军就失去了进攻的优势时机。

不久，豪将军率领主力部队赶到，向美军发起全面反击，美军损失惨重。华盛顿马上命令部队撤出战斗，结果一场即将到手的胜利瞬间化为泡影。

日耳曼战役失利后，美军组织了有条不紊的撤退。随后，华盛顿召开一次军事会议，对当前的战局进行了分析，认为仍应坚持既定的战略方针，对费城地区的英军主力继续进行围困。

很快，严寒的冬天到来了，华盛顿看着衣不蔽体的大陆军士兵冻得瑟瑟发抖，决定利用这段间隙让他们好好休整一番。为了不扰民，他选定了费城西北部约32千米处的一片名叫福吉谷的连绵不绝的山地为士兵们建立冬营。这里虽然荒凉，但森林茂密，山丘起伏，易守难攻，便于部队进行军事调整和训练，同时又能密切注视费城方面英军的动静。

1777年12月18日，在漫天飞雪之中，大陆军官员们顶着寒风暴雪，向福吉谷进发。他们有的披着破烂的毛毯，有的赤裸着双脚，雪地上留下了战士们斑斑血迹的脚印。华盛顿怀着悲伤、自豪、怜悯、钦佩的心情，注视着眼前他的士兵们，感慨地说：

"我们可以说，在尚未失传的历史书当中，找不出任何一支军队像我们这支军队一样遭受着这种前所未闻的艰苦环境，而且，还自始至终一贯地以忍耐和刚毅的精神来忍受这种艰苦。"

到达福吉谷后，展现在华盛顿面前的是一片荒芜之地，士兵们不得不自己动手砍伐树木，修建一些简陋的小屋，以供栖身。军医阿尔比金斯·沃尔多的日记中对此描述道：

"食品短缺，天寒地冻，士兵们各个都筋疲力尽，肮脏破烂的衣服，令人难以下咽的食物，一半的时间我都在恶心……牛排汤端上来了——整碗都是烧焦的树叶和灰尘……我宁愿像变色龙一样以空气为生。"

就在华盛顿和士兵们一起在福吉谷挨饿受冻时，这位总司令万万没想到，军界和政界中的上层人物正在酝酿着一场想拉他下马的阴谋。

第十四章　康韦集团的阴谋

在我看来，靠英勇自由的人民的纯洁遴选而获得军阶是最光彩不过的了。因为人民的遴选是一切权力最纯洁的来源和源泉。

——华盛顿

（一）

在1777年11月，费城的一部分英军守军被调往东新泽西，城内的英军兵力有所削弱。在得到这一情报后，一些军界和政界人物认为这是个攻打费城的大好时机。华盛顿手下的几位得力干将也竭力主张马上发动一场战役，夺回费城。

从内心来说，华盛顿也希望能发动一场大规模的战役，夺回费城。但他更清醒地认识到，费城与萨拉托加不同，那里是英军的老巢和心脏地带，如果发动进攻，英军势必会全力以赴。而目前美军的实力并不能对英军构成优势，若发动强攻，势必会造成难以估量的损失。

其实一个时期以来，在一些人的眼中，华盛顿就是一个常败将军，他所取得的特伦顿和普鲁斯顿两场战役的胜利，也只是击退了敌人的警戒部队。尤其是盖茨将军在萨拉托加取得胜利后，华盛顿在费城屡战屡败，更让人们觉得他懦弱无能。华盛顿摒弃地方主义，坚持要建立一支常备军的行为也得罪了一些激进派人物。因此，一些阴谋家开始活动，试图利用华盛顿的困境来罢免他的总司令职位。

参与这起阴谋活动的核心人物，就是华盛顿一直视为好友的米福林、盖茨以及素为华盛顿所不齿的汤姆·康韦。

当时米福林担任军需总长，在后勤供给上对华盛顿的部队总是百般刁难。自从1777年6月以来，军需部就从未及时给部队供应过粮食。尤其是入冬以来，军粮供应时断时续，部队长期处于一种半饥饿状态。对此，华盛顿既困惑不解又十分气恼，他多次向大陆会议催要军粮，并对军需部门进行了严厉的批评和抨击。

米福林对华盛顿的批评很生气，恰巧此时，他又遇到了一位志愿来美国军队服务的法籍爱尔兰人托马斯·康韦。此人自命不凡，称自己曾在普鲁士腓特烈大帝麾下效劳，自诩是大陆军中最有经验的军官。然而，华盛顿却提名曾在法国军队中是他的部下的迪卡尔布男爵为少将，康韦自己却只获得一个准将军衔，这让康韦十分不满。

所以，康韦听说米福林对华盛顿不满，立刻就站在以米福林为首的反对华盛顿的派别中。他们的目的是贬低华盛顿的声望，抬高盖茨的地位，将北方战役的胜利归功于盖茨。

盖茨原本就瞧不起华盛顿，这次萨拉托加战役获胜后更加不可一世，决心摆脱华盛顿这位曾在战争初期经常求教于他的总司令。在萨拉托加大捷之后，盖茨就曾越过华盛顿，将有关报告直接呈报给大陆会议，甚至对华盛顿原先派去支援他的兵力也拒不送还。

华盛顿对盖茨的举动感到不满。他特地派人给盖茨送去一封信，平心静气而严肃地指责盖茨的做法欠妥。但盖茨根本听不进华盛顿的话。

盖茨的这种举动被康韦一伙看得清清楚楚，康韦还给盖茨写了一封信，对其大肆吹捧，而将华盛顿及其同僚说成是"一个软弱的将军和拙劣的顾问们"，并说他们会"葬送"美国的未来。这是康韦向盖茨发出的一个重要信号，表明他们希望盖茨能取代华盛顿。这封信的吹捧让盖茨更加飘飘然了。

然而，康韦等人的阴谋很快就被华盛顿知晓了。原来，盖茨的副官詹姆斯·威尔金森少校在奉命向大陆会议递送紧急公文时，路途中因酒后失言，透露了康韦给盖茨信中的一些内容，被华盛顿的支持者听到了。很快，这些内容就传到华盛顿那里。

华盛顿听到这个消息后十分震惊，11月9日，他给康韦写了一封简短的信，以表明自己已经获悉康韦信件中的内容：

先生：

  我昨晚收到一封信，信中称：康韦将军在致盖茨将军的信中说，"上天决心要拯救你们的国家，否则，一位软弱的将军和一群拙劣的顾问将会葬送掉它。"

  阁下卑贱的仆人乔治·华盛顿

这封短信言简意赅，犹如一枚炸弹扔向这个反对华盛顿的阴谋集团。米福林立即将这件事通知盖茨，并且从中认识到，康韦的信件内容这么快就传到华盛顿的耳中，说明这位总司令仍然是深得人心的。于是，他决定采取行动迫使华盛顿自行辞职。

为了达到这个目的，米福林对华盛顿提出两项建议——建立半永久性军事委员会代替大陆会议诸委员处理部队给养，派一名经验丰富的外国军官担任监察长，帮助部队正规化——改头换面，促使大陆会议通过了成立军事委员会的决议，而自己和盖茨则负责这一委员会，并任命康韦为监察长，有权要求总司令按照他的意见进行军队改革。如此一来，康韦这个对华盛顿一向心怀不满的爱尔兰人便一跃成为华盛顿的"顶头上司"。

（二）

不久，康韦就带着军事委员会的任命神气活现地出现在华盛顿面前，并对福吉谷的工作指手画脚。华盛顿对康韦等人的阴谋活动已早有耳闻，因此对这位监察长的态度自然也不会好。

1778年1月6日，华盛顿的老朋友克雷克医生从马里兰给他写来一封信，就反对他的阴谋活动一事再次向华盛顿敲响了警钟。他提醒华盛顿：

"尽管你孜孜不倦地努力，为自己国家的利益抛弃家庭的幸福和安逸的生活，……但他们却想让你失去全国人民给予你的当之无愧的极大尊重。……今天早上，我在离开军营时有人告诉我，在新成立的军事委员会和大陆会议中，正在形成一个反对你的强大派别。他们采取的方法是在人民面前抬高盖茨将军而贬低你，同时散布流言，让人民相信：你拥有的兵力三四倍于敌人，却毫无作为……他们会给你制造严重的障碍，迫使你辞职。"

此后，华盛顿又陆续收到帕特里克·亨利和大陆会议主席亨利·劳伦斯转来的几封匿名信，其中充满了贬低华盛顿而抬高盖茨的话。这一次，华盛顿决定不再保持沉默，而是给予敌手们的恶意诽谤和造谣以有力的回击。

他一方面给大陆会议写信，对这一"最不恰当的措施"表示强烈反对，另一方面对康韦等人的阴谋活动给予坚决抵制，广大将士们也义正词严地当面痛斥康韦的卑鄙伎俩，使康韦在福吉谷形单影只，最后只好灰溜溜地离开那里，乘船回法国去了。

在华盛顿的坚决斗争和揭露下，盖茨感到心虚了。他马上写信向华盛顿解释，否认自己与康韦有合谋之事，意图为自己开脱责任；而米福林更是公开宣称：华盛顿是自己最要好的朋友。

尽管如此，华盛顿还是十分愤怒，决定给那些散布流言、暗中搞阴谋诡计的小人以警告。他给盖茨的信中旁敲侧击地写道：

"我从来不知道康韦将军——我原以为你和他不认识——与你的通信联系，我更没想到我会成为你们之间秘密通信的话题。"

对于米福林，这位总司令则使用另外一套方法警告他。他鼓动他的支持者们用决斗的方式来吓唬这位阴谋专家，提醒米福林说：曾经揍过康韦的凶狠好斗的卡德维雷德将军可能会去找他的麻烦。

反对华盛顿的阴谋活动从1777年10月到1778年2月，为期不到半年时间，但却影响深远，史称"康韦阴谋集团"。这一阴谋虽然没有得逞，但确是对华盛顿的一次考验。同时，人们也开始思考一个问题：如果华盛顿的位置被盖茨取而代之，大陆会议内部必将因此而派系斗争不断。届时，就算打了胜仗，其后果对于国家的团结来说也将是一场灾难。由于华盛顿坦荡、无私的胸怀，他成为公众认为的不可缺少的人。因此直到战争结束，华盛顿的领导地位再也没有受过较大的挑战。

1778年2月，康韦集团的阴谋失败之时，冰雪正在消融，万物正在复苏，大地开始焕发出勃勃生机，福吉谷的冬天即将过去。

（三）

1778年2月，在康韦阴谋集团流产的同时，福吉谷的大陆军也逐渐走出苦难的生活。他们从寒冷、肮脏、拥挤的帐篷里搬到自己修建的新房里，食物供应也有了保障，只是服装还很短缺，但士兵们对此并不在意。据一位法国志愿兵记载，在当时的一次宴会上，凡是穿有完整裤子的人均不得入场。

不久后，一个振奋人心的消息传来：1778年5月4日，大陆会议正式批准美法同盟条约。法国承认美利坚合众国是一个独立的主权国家，两国友好通商，建立军事防御同盟，法国将直接出兵援助美国独立战争。

消息传到福吉谷，大陆军为此举行了热烈的庆祝活动，华盛顿和官兵们一起欢呼庆祝美法结盟。一位目击者说：

"我从未见过这样的场面：每个人脸上都洋溢着真挚、由衷的喜悦。"

华盛顿走到队伍中时，士兵们将帽子高高地抛向空中，大声欢呼，表达内心的激动和喜悦。后来华盛顿说：

"这是一个决定性的时刻，是美洲殖民地所经历过的最重要的时刻之一。"

但此刻，华盛顿的头脑还是十分冷静的。作为大陆军的总司令，他的目光看得更长远，因此他一再告诫人们：

"美法结盟仅仅为我们提供了一个有利的契机，要想取得战争的胜利，美国人民还必须继续进行艰苦卓绝的斗争。"

他强调：美法结盟会令人们走向一个极端——过度依赖法国，这对于美利坚民族的长远利益是不利的。因此他认为：与法国结盟是出于战争的需要而采取的外交策略，美国不应长久地卷入欧洲的纷争，否则只能束缚自己的手脚，损害美利坚民族自身的利益。

萨拉托加战役的失败和美法同盟缔结成功，使英国王室和内阁变得非常被动，一时无计可施。1778年2月，内阁首相诺斯曾提出承认美国独立的主张，但遭到乔治三世的拒绝。他说，他宁可失去王冠也决不向殖民地屈服。

华盛顿的立场十分鲜明。他坚持认为：没有独立，就没有和平。他说：

　　"除了独立以外，其他一切都不可能算是达到目的。……明眼人一看就知道，时至今日，发生了这一切以后，建立在依附原则上的和平，也只能意味着屈辱与失败。"

　　华盛顿的爱国精神和凛然正气获得了美国民众和大陆会议的赞同。

　　与此同时，被困在费城中的英军也开始了新的军事安排。在战争中，豪将军的无所作为引起了英国国内舆论的巨大不满，指责他听任敌人的围困，没有与柏高英将军有效合作，致使英军遭受萨拉托加之难。最后，英国政府决定将他调离回国，任命他的副手亨利·克林顿接替其职务。5月10日，克林顿从纽约抵达费城，接替豪将军指挥英军。

　　华盛顿密切地注视着费城中英军的动向，各种迹象表明，英军正在准备撤出这座叛乱分子的首都，各种物品或被拍卖，或被装到船上，行李和重炮等也都开始起运。但在近一个月的时间里，除了有8000名英军被调往西印度群岛和佛罗里达外，其余的1万多名英军迟迟没有撤出费城。一直到6月18日清晨，克林顿才突然率英军倾巢出动，撤离了费城。

　　英军撤出费城后，华盛顿马上派遣拉法耶特率部跟踪追击，以寻机打击敌人；同时命令查尔斯·李将军（华盛顿用英将普雷斯科特将其换回，并恢复了他副总司令的职务）和韦恩将军率部前往科利尔渡口。华盛顿则率领主力部队渡过特拉华河，直奔普林斯顿附近，令在战役中负伤的阿诺德将军留守费城。

　　英军部队臃肿庞大，动作缓慢，而美军轻装上阵，很快就赶到英军前头。英军主将克林顿突然发现这一情况，马上改变行军方向，由北上改为右折，向通往孟莫斯和米德尔顿方向行进，再到海口登船去纽约。

　　6月27日晚，英军8000余名主力到达孟莫斯附近休息，右翼是黑森雇佣军，据守在与米德尔顿相连的大路上。这时，李将军已经率领6000名美军追上英军，华盛顿率领主力部队跟在后面。战场形势对美军十分有利，甚至可以说是稳操胜券。华盛顿命令李将军进攻敌人左翼，主力部队则从右翼包抄过去。

可这位刚刚复职的李将军却积习不改，战斗刚刚打响，他就带着部队后撤。取胜良机错失，打乱了华盛顿的部署，令韦恩的部队找不到友军，一侧暴露在敌人的火力之下，部队一片混乱。

当华盛顿率领主力部队赶到前沿时，局势已相当混乱了。他立即命令格林从左面冲杀，韦恩从正面进攻，一直打到夜幕降临才反败为胜。但克林顿却趁着夜色连夜运走伤员，逃之夭夭了，让华盛顿的计划落空。

华盛顿对李将军的表现大为恼火，而李将军对华盛顿的指责也很不服气，最终他被大陆会议革除一切军职，返回弗吉尼亚老家去了。

第十五章　将领的叛变

　　一切的和谐与平衡，健康与健美，成功与幸福，都是由乐观与希望的向上心理产生与造就的。

——华盛顿

（一）

　　1778年7月初，在人们的焦急等待中，一支由12艘大战舰和若干中小型舰艇组成的法国舰队载着4000余名法国军官兵浩浩荡荡地驶进了美国海岸。虽然它们来得比较迟缓，在海上逆风整整航行了78天，但仍然受到美国军民最为热烈的欢迎。

　　该舰队的总司令德斯坦伯爵是一位久经沙场的老将，作战风格果敢干练，求战心切，因此7月中旬，他率领的舰队刚刚抵达桑迪岬附近水域就立即与华盛顿会晤，共同商讨对英作战事宜。

　　然而事实很快就让华盛顿陷入失望当中。7月下旬，美法双方准备联合收复罗德岛。当时该岛驻扎有6000名英军，根据计划，沙利文将军指挥的美军从岛的东北角登陆并发起进攻，法军将在岛的西岸登陆实施夹击。谁知在行动过程中，当德斯坦在估计豪将军率领的英国舰队即将到来时，居然不顾已经登上罗德岛的美军，在一场暴风雨的袭击下，擅自扬帆而去。幸亏沙利文将军及时将部队撤离该岛，才避免了可能被英军切断后路的危险。

华盛顿对这次进攻罗德岛的计划失败深感失望和愤怒，但从维护美法联盟的大局出发，他尽量淡化这次进攻失败带来的影响，在给德斯坦的信中还流露出亲切的安慰和关怀。

从1778年的战事来看，美法联军未能取得什么重大的突破。这年12月以后，华盛顿将美军安置在从长岛海峡到特拉华州的几个营地中，一面令部队越冬休整，一面负责保卫哈德逊河流域的安全。这年冬天，华盛顿是在费城度过的，他将大部分时间都用来制定新一年的作战计划。

1779年，北美战场上也没有出现什么大的战事，交战双方的行动都很谨慎。入夏后，克林顿将军率领舰队沿着哈德逊河出征，对沿途地区进行掠夺式袭击，到处烧杀抢掠，犯下了令人发指的罪行。5月末，英军攻占了战略要地石角和威尔普兰克角，在这里派兵驻守，然后继续沿河而下。

在华盛顿的带领下，美军在沿途不断袭击英军，使英军的远征行动处处受阻，很快就成为强弩之末。7月初，英军被迫返回纽约，将进攻的矛头转向康涅狄格。

利用英军主力远去的时机，华盛顿准备收复石角。石角三面环水，只有一条狭窄的通道与陆地相连。英军在这里配备了许多重型武器，可以有效地封锁河面，控制北部诸州与中部诸州的重要通道——国王渡，因此战略地位相当重要。

鉴于石角的特殊环境，华盛顿认为只能智取，因此决定派轻步兵秘密对其进行袭击。他将这个重要的任务交给了作战勇猛的韦恩将军。

7月15日中午，韦恩将军率领轻步兵按计划进行，从距离石角22.5千米以外的驻地出发，晚上8点到达距石角要塞一英里半的地方休息。

夜里11时，在当地人的指引下，韦恩将军的袭击队无声无息地直奔石角。子夜时分，夜袭队兵分两路向工事发动猛攻。待英军发觉时，美军已攻入工事内部，双方展开激烈的战斗。不到一个小时，整个战斗就以美军的胜利而结束了。

石角的失利迫使英军暂时放弃了出征康涅狄格的计划，克林顿立即调遣重兵前来与美军决战。在对局势进行分析后，华盛顿认为没必要在不利的情况下与英军决战，因此决定放弃石角。在撤退前，他命令部队运走石角的大炮和物资，并将运不走的东西和军事工事付之一炬。等克林顿赶到石角后，石角已经变成了一片废墟。

11月，美军在萨凡纳战场上作战失利，让华盛顿的心头掠过一丝抑郁。就在这时，强劲的寒流突袭北美大地，似乎在预示着：美军又将面临一个严酷的寒冬。

（二）

1779年冬天来临时，美军的后勤保障依然困难重重，重现了一年前福吉谷冬天的困境。幸好附近的各个州县为部队提供了一些援助和补给品，让军队免于解散，但部队的士气却陷入低落，甚至有了开小差、发生冲突等事件发生。

由于供给长期匮乏，一些官兵忍无可忍，终于导致兵变爆发。1780年5月15日黄昏时分，康涅狄格前线两个团在操场上集合，宣布他们准备回家。在闻讯赶来的几个宾夕法尼亚团的协助下，梅格森上校对兵变部队进行了耐心的说服工作。经过再三劝说和许诺，兵变最终得以平息。

鉴于美军的后勤保障工作困难重重，英军便趁着萨凡纳胜利的余威，准备南下发动一次大规模的陆海军联合远征，攻取重镇查尔斯顿。

1780年2月，大批英军在南卡罗莱纳登陆，气势汹汹地直奔查尔斯顿。此时，驻守该城的是本杰明·林肯将军，其手下的兵力只有5000人，形势对美军十分不利。华盛顿获得这一情报后，马上写信给林肯将军，让他火速撤出查尔斯顿，以免陷入重围不能脱身。但林肯将军却置华盛顿的忠告于不顾，不但没有撤出这座港口城市，还千方百计地调集兵力死守于此。

不久，英军就将小小的查尔斯顿围困得水泄不通。林肯率部在这里苦守3个月，终因兵微将寡，于5月2日向英军投降。

查尔斯顿的失陷是美国军队自开战以来遭受的最惨痛的一次失败，有2500名美军和2000多名民兵被俘，令南部战场局势急转而下。然而，华盛顿却通过他特有的犀利眼光透过失败的阴云看到了一线光明：英军的一支主力部队从此就留在了南卡罗莱纳。它要想再征服广袤的南部，就必须要分散兵力才行。这样，就可以为美军提供将英军各个击破的机会。此时，华盛顿似乎已经预见到了康华利最终在约克镇投降的这一历史性时刻了。

占领了查尔斯顿后，克林顿将军认为英军已经控制住了南卡罗来纳的局势。就在这时，他接到一个情报，称美军内部发生内讧，新泽西州政局出现动荡。这一内讧就是美军因缺乏军需物资而发生的兵变。

克林顿决定利用这一机会率军北上，向东新泽西地区发起攻击，加速那里美军的瓦解。于是1780年6月初，英军一支5000人的先头部队在伊丽莎白敦角登陆了。随后，6月17日，克林顿将军率领一支英军主力部队随舰队驶抵东新泽西海岸。他的目标是攻打莫里斯城，夺取那里的军火仓库，并攻占美军设在当地的一系列军营和军事要地。华盛顿获悉后，立即派出一支部队前去增援驻守在那里的格林将军。

6月23日黎明时分，敌人向莫里斯城发起进攻，美军奋起抵抗。经过两个小时的激烈战斗，格林将军发现，由于美军战线拉得过长，很快就要被敌人拦腰截断。于是，他马上调整部署，果断地将部队收缩至城前的一排小山上，依托这里简陋的工事抵御敌人。

但此时英军已不敢贸然进攻了，因为初始阶段英军进攻过于盲目，队形过于密集，已经付出了惨重的代价。英军士兵已无心恋战，军官也失去了斗志，只好仓皇撤出战斗。

这次战斗结束后，英军主力便撤出了该地区，保卫东新泽西的战役以美军的胜利而宣告结束。

（三）

在美国独立战争史上，1780年是充满不测风云的一年，美军在战场上有胜有负，其中最大的失利要算是查尔斯顿的失陷。然而，对美国人民心灵的打击最为沉重的事件，却莫过于阿诺德的叛变。

在以往数年的艰苦战争中，贝尼迪克特·阿诺德将军一直都是华盛顿心目中一位出色的人才，同时也是一位领导有方、作战勇敢的军事天才。从围攻波士顿到萨拉托加战役，阿诺德为战役的胜利立下了不可磨灭的功勋。

但是，阿诺德自身也存在一些致命的弱点，正是这些弱点将他引入罪恶的深渊。他心胸狭隘、偏激暴戾，而且居功自傲，在金钱和女色面前常常表现得神情恍惚，丧失理智。从1778年出任费城驻军司令后，他就陷入了灯红酒绿、纸醉金迷的生活当中，整日不理政事。在这里，他爱上了一位亲英派分子佩吉·西彭小姐，两人很快相恋并结婚。婚后，为了讨好年轻貌美、出身高贵的妻子，身无分文的阿诺德不惜挪用公款，与富豪们比阔，一步步走向堕落。

阿诺德的行为招致民众怨言纷纷，宾夕法尼亚州行政委员会也向大陆会议指控这位城防司令与王党分子沆瀣一气并挪用公款。不久，阿诺德就受到了军事法庭的调查，并被费城议会驱逐出境。

就是从这时起，阿诺德产生了要向他曾苦苦为之战斗的国家进行报复的念头。他在亲英派妻子的怂恿下，开始与佩吉的旧情人亨利·克林顿的副官约翰·安德烈建立联系，向英军通风报信，出卖国家秘密。为进一步提高自己的身价，以换取英国人更多的报酬，1780年8月，他还到西点总司令部见华盛顿。华盛顿念及他过去在枪林弹雨中屡建奇功，任命他为西点驻地的指挥官。此后，阿诺德就以他的防区为筹码，与英军做起了交易，以期在英军内谋取一个职位。

阿诺德在当上西点要塞司令的第二个月，就趁华盛顿外出视察之机，在附近的一间暗室里秘密约见了安德烈，并向他提供军事机密。

第二天，安德烈扮成商人模样，骑马向纽约方向疾驰而去。民兵见此人形迹可疑，便拦住他的去路，仔细盘查，没想到从他的靴子里发现了一封信。这封信是阿诺德亲笔写给克林顿将军的，谈到他将帮助英军巧夺西点要塞的行动计划。安德烈随即便被送往附近美军据点。

令人难以置信的是，负责此案的詹姆斯上校明知阿诺德涉嫌其中，却派人向阿诺德报告了此事，然后才将信交给华盛顿。

阿诺德接到报告后，知道阴谋败露，在华盛顿回来前的2小时，便匆匆向妻子告别，然后仓皇出逃。

华盛顿回到西点指挥所后，得知阿诺德叛变，万分惊愕。他急忙派副官火速追赶阿诺德，并命令各据点加强防范，可惜为时已晚，阿诺德已经逃到英国"秃鹰号"旗舰上，公开成为美国可耻的叛徒。

事后，在得知安德烈是克林顿将军的副官后，华盛顿曾提出以安德烈交换阿诺德，但克林顿却拒绝了华盛顿的建议，因为此举必然会使英国人策反美国军官的努力付诸东流。结果，安德烈被美国军事法庭以间谍罪处以绞刑。

第十六章　约克镇决战

在我执政之时，任何针对我政务的攻讦，我一概置之不理，因为我深深地知道，如果这些攻讦经不起事实的检验，报上的一纸空文将无损于我一根毫毛。

——华盛顿

（一）

美国在与法国联盟后，独立战争的形势并没有发生根本性的好转，反而一度出现新的危机，战场上屡遭失败，军中供给困难，兵变迭起。大陆会议也矛盾重重，一筹莫展，而阿诺德的叛变又将这场危机推向了高峰，一时间美军疲于招架，险象环生，大有黑云压城城欲摧之势。

不过，美法联合毕竟还是大大增强了美军的战斗实力，战争最困难的时期已经过去，这场所谓新的危机也只是黎明前的黑暗而已。从1780年下半年起，美军经过艰苦的战斗，逐渐摆脱了失败的阴影，在南部战场取得了一系列振奋人心的胜利。

1780年9月，康华利率军北上，准备将美军逼到弗吉尼亚而歼之。可是，他的先遣队却遇到了民兵的袭击，只好退到金斯山。还未等站稳脚跟，就被一个民兵首领率领的1000人团团围住，切断了英军的后路。民兵利用熟悉地形的优势，兵分三路攻击英军。先遣队指挥官最先被民兵击落，英军四散奔逃，死伤400余人，其余则全部缴械投降。

这一战使南卡罗莱纳的形势发生了转机，群众纷纷参加民兵队伍，康华利受到当头一击，只得退回到考彭斯，不敢再轻易行动。

1781年1月，美国南方军司令格林将军会同民兵在考彭斯再败英军，致使康华利损兵折将，一直逃窜到威明顿，在那里等待救援。格林将军趁胜收复了南卡罗莱纳州。

美国在南方的胜利大大增加了美国独立战争的实力，加上法国远征军的到来，华盛顿认为，与英军进行决战的时机已经到了。

但是，在什么地方进行决战呢？这个问题让美法两方产生了分歧。

一直以来，华盛顿都在思索这个问题。经过深思熟虑，他主张将战略决战的地点选在纽约。他认为：纽约是美国的大城市，又是英国主力部队的驻扎地，而且十分适合进行陆海军协同作战。只要法国海军和陆军驶抵纽约，美法联军协同作战，水陆夹击，就能稳操胜券，结束战争。但同时，他也做了两手准备，主张如果纽约决战的构想不能实现，也可以在南方的某个城市寻找战机。

1781年5月，华盛顿向法军总司令罗尚博提出了这一构想，可罗尚博却认为华盛顿的构想是异想天开，不切实际，因此对其不予理会。

7月21日，华盛顿又致信法国舰队总司令格拉塞伯爵，请求他率领舰队迅速驶往纽约湾，协同美军攻打纽约。但格拉塞复信说，他的部队不能到达纽约，而是要华盛顿率部到64千米外的切萨比克湾与他会合。

华盛顿清楚，要对英军进行决定性打击，在很大程度上取决于法军的支援，因此他经过再三考虑，决定将弗吉尼亚选为决战战场。几乎与此同时，华盛顿收到了来自南方前线的报告：康华利已退守弗吉尼亚的约克镇。这一次，华盛顿南下的决心下定了！

（二）

　　为了不让英军看出联军的战略意图，华盛顿要求军事调动工作一定要在严格保密的情况下进行。一方面，华盛顿摆出要攻打纽约的架势，派工兵到新泽西修筑像大部队营地一样的建筑；另一方面，他又让那些英国间谍费尽心思地偷看到这个伪造文件，以便让克林顿相信，格拉塞指挥的法国舰队将北上配合美军攻打驻扎在斯特滕岛上的英军。

　　华盛顿的这一招果然有效，克林顿将军完全被美军的计划蒙在鼓里。他的心思都放在法国舰队上，担心美法联军会进攻纽约，因此还向南方康华利要求抽调兵力来纽约助战。而康华利此时已彻底放弃了征服弗吉尼亚的打算，将所有部队都撤入约克镇。这样一来，就刚好落入了华盛顿设计的陷阱中。

　　8月20日，华盛顿开始率领军队渡过哈德逊河。25日，美法联军分两路向新泽西进军。当克林顿知道美法联军的真实目的后，联军已经抵达特拉华河了。显然，想要阻止联军南下已经不可能了。这位英军总司令匆忙派出美军叛徒阿诺德率军5000人东征康涅狄格，企图转移华盛顿的注意力，牵制他一部分兵力。

　　8月30日，格拉塞率领法国舰队抵达切萨比克湾，带来了大炮、空船，封锁了约克河河口，切断了康华利的海上退路。英国海军上将格雷夫斯抱病前来，与格拉塞部打了一场激烈却无足轻重的小战役后便撤离了，将制海权拱手相让，抛下了被重重包围在约克镇的康华利。

　　直到此时，康华利才意识到自己的危险处境，但他还不知道华盛顿和罗尚博率领的美法联军已在迅速南下，以为他的对手只是为数不多的大陆军而已，因此没有采取任何撤退举动，从而失去了最后的机会。

9月5日，美法军队在特拉华河畔的切斯特胜利会师，从这里到切萨皮克湾仅有很短的一段路程。同时，一支法国分舰队也冲破了英军的封锁，从纽波特开到切萨皮克湾，为法军送来了大量的军需装备和物资。

直到这时，英军才如梦方醒，意识到华盛顿的战略进攻方向为约克镇。康华利如坐针毡，意识到自己的处境相当不妙，企图立即撤退到卡罗莱纳，但为时已晚。

在陆地上，美法联军大军压境，将通往各个方向的要道全部封闭。此时的英军可谓上天无路，入地无门，成了美法联军的网中之鱼。在万般无奈之下，康华利只好将军队全部撤到约克镇地区，希望能固守约克镇，等待克林顿的援军到来。

为了能打好这一仗，美法联军做了精心的准备，共集中1.8万名战斗人员和数百门火炮，海面还有一支庞大的法军舰队，随时可以为战斗提供火力支援，联军的攻坚力量已经达到相当高的水平。

华盛顿认为：围歼约克镇英军的时机已到，事不宜迟，必须尽快发动全面进攻。否则，英军大舰队赶来，情况就可能会出现意外。

9月28日，美法联军从威廉斯堡向约20千米以外的约克镇进发。傍晚时分，大军在距约克镇3千米的地方安营扎寨。10月初，美法联军开始从陆地上形成对约克镇英军的半圆形包围。与此同时，法国海军也切断了英军的水上退路。

10月6日晚，联军开始挖掘第一道平行堑壕。3天后，第一道平行堑壕和3个炮兵阵地全部竣工。

9日下午5时，作为总司令的华盛顿被邀请去点燃总攻击的第一炮。这是一门新式的法国炮，不仅弹药充足，炮手也训练有素。当华盛顿看到自己亲手施放的炮弹准确地落在炮手预先指给他看的英军塞墙上时，这位美洲乡巴佬司令对法国炮手的高超素质惊叹不已。

紧接着，联军数百门火炮同时向敌人的城防工事发起攻击，使小小的约克镇瞬间便笼罩在浓浓的烟雾和火海之中。敌军的塞墙成片倒塌，大片阵地和工事被夷为平地，许多弹药库被摧毁，火炮和车辆被炸成一堆堆破铜烂铁，英舰"夏隆"号和3艘大型运输船也被击毁，并燃起熊熊大火。望着冲天的硝烟和火光，华盛顿不禁兴奋地感叹道：

"上帝保佑，美国人民此战必胜！"

（三）

10月11日夜晚，联军开始挖掘第二道平行堑壕。开始进行得很顺利，可不久便滞缓下来，原来是英军在前方修筑了两座碉堡，不断用猛烈的火力从侧翼袭击筑壕士兵。华盛顿下令：立即消灭这两个拦路虎！

14日夜晚，联军向英军外围的两个堡垒发起进攻。经过一番苦战，终于拿下了敌人的堡垒。这样一来，筑壕的进度又大大加快了。

15日夜晚，联军在壕中架起大炮，约克镇的敌军阵地已经完全暴露在联军炮火的有效射程之内，康华利陷入绝境。

但是，英军是不会轻易放下武器的，康华利使出浑身解数，企图外逃。16日晚，康华利准备了16艘大船，打算外逃。然而天公不作美，顷刻之间，暴风雨骤起，洪浪涛天，船只被打得七零八落，康华利的最后一线希望破灭了。

联军随即对英军实施了更加猛烈的炮轰，约克镇的城防工事顿时变成一片火海，英军伤亡惨重，已经到了无力抵抗的境地。在走投无路的情况下，康华利终于于10月17日上午10点下令击鼓，要求停战谈判，并派出信使携函至华盛顿处，要求双方休战，谈判投降条件。

经过谈判，约克镇地区的英军宣布无条件投降。投降仪式定于19日在约克镇中心广场举行。

10月19日中午12点，庄严的联军受降仪式如期举行。约克镇中心广场上空，国旗与军旗随风飘扬，军乐鼓号齐鸣。下午2点，联军的军乐队奏起了雄壮的进行曲和一首美国民歌小调。这支民歌是当年英国人嘲笑美国佬的名曲——《扬基歌》。

康华利觉得投降是一件十分屈辱的事，因此称病未敢露面，指派奥哈拉代替他前去投降。而华盛顿这位美军总司令认为，既然康华利将军可以找人替代，那么他也可以照此进行。于是，这位坚持原则的美军司令指定奥哈拉向在查尔斯顿曾受过克林顿侮辱的林肯将军投降。

有趣的是，就在约克镇英军被迫放下武器那天，恰值克林顿将军率领30多艘战舰和7000多名士兵从纽约出发，前来营救康华利。然而，当他于10月24日抵达切萨皮克湾时，等待他的却是康华利已经投降的消息。29日，这位英军司令才悻悻地返回纽约。

约克镇大捷是独立战争以来美国获得的最大一次胜利。虽然当时英军在哈利法克斯到查尔斯顿的广泛战线上仍有数倍于美军的力量，但这次打击却让英军大伤元气，从根本上动摇了英军对这次战争的信心。

约克镇战役后，英美双方实际上已经停止了重大的军事行动。从1775年4月19日北美人民在列克星敦打响反对英国殖民统治的第一枪，到1781年10月19日康华利宣布投降，美国独立战争整整进行了6个年头。在此期间，美国人民经历了各种难以想象的磨难，遭受了巨大的牺牲。今天，这一切终于有了一个结果。

那就是：自由万岁！独立万岁！

第十七章　功成身退回故里

　　我的最大愿望就是将这一切事情都处理得干干净净，以便我动身前往天国时不致受到责难。

——华盛顿

（一）

　　在约克镇战役结束后，华盛顿本打算与法军配合对查尔斯顿发动一起联合进攻，给英军以毁灭性打击，推动战争早日结束。但由于法国舰队与西班牙之间另有战事，他的这一计划未能实施。

　　接下来，华盛顿便着手完成遣送战俘的工作，眼看冬天就要到了，他还要为安置部队过冬营地和储备物资而奔忙。就在这时，一件不幸的事情发生了：华盛顿的继子约翰因病去世了。约翰虽然不是华盛顿的亲儿子，但从小就被华盛顿所钟爱，视为己出。因此，华盛顿的伤心可想而知。玛莎因儿子的去世更是痛不欲生，为了安慰夫人，华盛顿将约翰最小的一对儿女收为自己的孙子孙女。从此，他们就成了华盛顿家族的直系传人，这也让玛莎精神上获得了一些寄托。

　　在处理完约翰的丧事后，华盛顿又匆匆赶往费城出席大陆会议，在费城逗留了4个多月，直到1782年3月才回到哈德逊河畔的司令部。这

123

时，令他担心的主要有两件事。

在约克镇大捷后，人们都认为胜利在望，因而普遍放松了军事警惕，但英军在北美大陆的实力仍然是很强大的。1782年5月，盖伊·卡尔顿爵士抵达纽约，替代亨利·克林顿爵士成为驻北美的英军总司令。这是华盛顿出任大陆军总司令以来上任的第四位英军总司令。5月7日，卡尔顿致函华盛顿，向他转交了英国国王向议会提出的要求和平的申请书，同时表达了自己的和平意愿。尽管如此，华盛顿认为仍然不能放松战备。

8月初，卡尔顿再次致函华盛顿，称英国代表已在巴黎的和平谈判中提议美国独立。直到此刻，华盛顿仍然小心翼翼地指出：

"鉴于以往英国政策的一贯昏庸、奸诈和卑鄙，我承认我什么都不相信，我怀疑一切。……不管敌人的真正意图是什么，我都认为应该进一步加强而不是减弱我们的注意力和努力。谨慎戒备和采取一定的预防措施至少不会带来什么害处。过分相信别人和苟且偷安可能是极其危险的。"

基于这种观点，华盛顿不仅没有削弱美军的力量，反而将原驻扎在弗吉尼亚的法军也调到哈德逊河畔，以加强纽约周围的防务。

可就在这时，军中又出现了不满情绪。官兵们经常议论的话题，就是之前欠的军饷是否能按时兑现？因为战争已接近尾声，一旦和平条约签订，军队被遣散，他们的呼吁就可能没人理睬了。大家多年在军中服役，付出了青春年华，甚至是牺牲了个人的事业和家庭，许多人除了会打仗外，没有其他的生存技能。退役后如果不发放军饷，他们甚至无法生活下去。

然而到目前为止，大陆会议都没有任何表示，这让官兵们既失望又愤怒。随着不满情绪的增长，一些官兵开始发起请愿，举行集会，讨论如何采取措施来实现他们的要求。军营中甚至有人散发匿名信，指责大陆会议忘恩负义，拒不支付军人应得的薪饷。

面对这种形势，华盛顿的心情也很不平静。虽然他也十分同情这些与他一起出生入死的战士们，但为了防止事态恶化，他召开了一次集会，在会上发表了一篇充满感情的演说，再一次激发起战士们的爱国热情和信任感。

随后，华盛顿立即致函大陆会议主席，提请高度重视军队待遇问题，不久决定：军官们退役后的薪饷将折合成一次性发给5年的全薪。这个一度造成巨大威胁的问题，由于华盛顿的努力争取而圆满解决了。

（二）

在约克镇大捷后，华盛顿声誉日渐增加，几乎被奉若神明，被誉为"美国的大救星"。而这时的联邦政府依然结构松散，缺乏权威，各州都保持着各自的财政权和商贸权。联邦政府无权征税，无权制定州际商约等，经费要靠各州摊派，同军队的关系也难免紧张。军队内部反对联邦制度的情绪日益高涨，一股要求建立君主政体的思潮逐渐蔓延。甚至有人公开议论：要华盛顿出来当美国的国王。1782年5月，华盛顿就收到曾担任过驻军指挥官刘易斯·尼古拉上校的信。尼古拉上校在信中劝华盛顿应义不容辞地担负起美利坚合众国国王的重任。

在美国独立以前，美国13个殖民地的最高统治者是英国国王，各个殖民地的总督是最高行政长官，由英王任命。大英帝国虽然在1688年革命后建立了君主立宪制，国王之外多了议会，但北美殖民地在议会中并没有代表，殖民地人民都是英国的臣民。

《独立宣言》发表后，随着反英独立运动的掀起，总督、官吏、王党分子大批逃亡，原有的统治机构土崩瓦解，各州开始按照资产阶级政治思想制定州宪法，建立州的行政机构。

当时，欧洲仍然很盛行封建君主制。德意志的国王是腓特烈二世，俄罗斯帝国国王是女皇叶卡捷琳娜二世，法国则由国王路易十五执政。说到建立共和政体，美国是世界上第一个"吃螃蟹的人"，美利坚这时还是封建帝制汪洋大海中的一座孤岛。

华盛顿对尼古拉的来信颇感惊讶，但他很快就平静下来。他很清楚：尼古拉是军队中部队派系的代言人，他们的目的是想让军队成为政府的基础，华盛顿成为政府的独裁首脑，就像1640年英国资产阶级革命时期的克伦威尔一样。因此，华盛顿给尼古拉写了一封义正词严的回信：

我认真地阅读了您要我仔细阅读的意见，感到非常吃惊和意外。先生，我可以肯定地告诉您，在战争进程中发生的任何事情都没有像您所说的军队中存在的那种思想更让我感到痛苦。我不得不怀着憎恶的心情看待并严厉地斥责这种想法……

使我困惑不解的是，究竟我有哪些举措足以鼓励您向我提出这种请求？我认为这个请求孕育着可能使我们的国家受到最大的灾难。如果我不是缺乏自知之明的话，您不可能找到一个比我更不同意您的计划的人了。

如果您对您的祖国、对您本人和您的子孙还关心的话，或者对我还尊重的话，您就应该把这种想法从心中排除干净。从今天起，无论您自己还是其他任何人，再也不要提出同样性质的意见了！

华盛顿自己不当国王，也坚决反对实行君主制。他早就对君主制深恶痛绝，坚决维护共和体制，维护当前已经形成的联邦政府。他在给尼古拉信中所表达的鲜明态度，是对君主制拥护者的一个有利打击。

另一方面，华盛顿认为目前的联邦制度缺失也无力解决国家的困难，因此，他的治国方案主要包括下面的内容：

一，出于安全需要，应该使议会具有"最高的权力"。

二，修改《联邦条约》。

三，妥善解决军队问题。

1783年6月，华盛顿给各州的州长发出通函，阐述了他对美国未来的设想。他认为：美国人能够通过对人类思想的研究，了解人民和政府的本质，创造和改革美国的政治机构。

这时的华盛顿，对战后国家的政治体制已经有了比较成熟的思考。他反对君主制，力主加强联邦政府的权力；反对国王一统天下，主张13个州组成一个统一的国家。他不赞成君主专制，也不是激进的民主主义者，而是一个忠实的共和主义者。

（三）

人们渴望已久的实现和平的消息终于传来了。1783年9月3日，英美两国在巴黎签订和约，英国正式承认美国独立，并确认美国的疆界北接加拿大五大湖区，南至佛罗里达，东起大西洋沿岸，西达密西西比河，总面积比独立初期扩大了一倍半，达到230万平方千米。经过长期的浴血奋战，美国人民终于取得了划时代的伟大胜利。

10月18日，大陆会议决定解散大陆军。他们在公告中宣布，所有已休假的军官和士兵都不再服役，并承诺在战争中服役的其他人将于11月3日起停止服役，仅保留一小部分部队继续服役，直到全面和平。

11月2日，华盛顿在普林斯顿附近的落基希尔向美国军队发表了告别演说。在这个演说中，华盛顿满怀深情地回顾了独立战争漫长而又伟大的历程，高度评价了全军将士与凶残的敌人进行的英勇斗争、经历的无数艰难险阻和取得的辉煌业绩。接着，他又向人民展示了胜利后国家所面临的光明前景和美好未来，并祝愿每一位官员都能跟上时代的脚步，在未来的生活中过上幸福富足的生活。

在演说中，华盛顿还言辞恳切地向广大官兵们提出如下建议：

你们应该热爱联邦，将高度的和解精神带到平民社会当中去。在部队里，你们是坚韧顽强和百战百胜的战士；在社会上，你们也将不愧为道德高尚和对国家有用的公民。

……愿部队的成就和嘉誉继续鼓励着每一位成员发扬我们的光荣传统。你们应有此信念：平民生活中简朴、谨慎和勤劳的个人美德与战场上更为壮丽的奋勇、不屈和进取精神同样可贵。人人都应有此信心：官兵未来的幸福，在很大程度上都有赖于他们成为广大民众中的一员以后为人处世的明智与光明磊落。除非联邦政府的原则能够得到应有的支持，其权力能够得到加强，否则，我们国家的荣誉、尊严及公正就将永远丧失。

华盛顿的这番演讲句句情深，字字中肯，既像一位高度负责的长官对即将离任的下属的殷切期望，又像一位慈祥的长者对年轻子女的谆谆教诲，从中人们也不难看出华盛顿与这支军队之间的特殊情感——在8年的硝烟战火中所孕育起来的血肉相连的浓浓战友深情。

在这次讲话中，华盛顿还开诚布公地道出了自己在国家和平后的愿望和去向。他最后说道：

"在抱有这样一些愿望和得到这种恩惠的情况下，总司令就要退役了。分离的帘幕不久即将拉下，他将永远退出历史舞台。"

12月4日，华盛顿乘船离开纽约，送别的人群挤满了纽约港。华盛顿热泪盈眶，激动得一句话也说不出来，不停地挥动手中的帽子，与岸边的战友们依依惜别。

途中，华盛顿又在费城逗留数日，与财政部的审计人员一起核查了他在整个战争期间的各项开支。这些账目与他在经营弗农山庄时一样，记得清楚准确，每笔开支旁都注明了日期和用途。华盛顿的这种记公账的习惯，被后人们视为"他为官清廉的证据，以及对常常大手大脚浪费公款的官员的无情鞭挞"。正是这些具体的小事，让华盛顿受到了人们的敬仰。

12月20日，华盛顿到达安纳波利斯，致函大陆会议主席，就采用何种方式提出辞呈的问题征求意见。最后，他决定在大陆会议厅以口头方式辞去他的大陆军总司令职务。

12月23日，大陆会议在安纳波利斯召开，华盛顿亲手将大陆军总司令的委任状交还给大陆会议，并再一次明确表达了自己辞去一切公职、过平民生活的热切愿望。

24日一大早，华盛顿就匆匆离开了安纳波利斯，日夜兼程，返回了魂牵梦绕的弗农山庄。当华盛顿到达弗农山庄时，玛莎和其他家人们都来到大门口，迎接这位风尘仆仆、凯旋故里的将军的归来。整个弗农山庄都沉浸在一片欢快的气氛之中。

1783年的圣诞节，华盛顿是在弗农山庄度过的。看到欣喜若狂的家人和家乡的一切，他深深地体会到一种阔别故土的游子在历经千难万险之后回到慈母怀抱的感觉，更感到田园生活的可爱之处和巨大魅力。他决心隐居乡间，潜心务农。在给纽约州长克林顿的信中，华盛顿写道：

"戏终于演完了，我不再肩负公职，感到如释重负。我希望在自己的晚年能够躬行于为善良的人们做事和致力于品德的修养。"

华盛顿当选总统后，有一天，他经过一个地方，看见一位军官正颐指气使地指挥两名士兵将一根又粗又重的木头扛上河岸。河岸比河床高出许多，加上木头又重，两名士兵干起来很吃力。华盛顿看了，觉得不忍，就建议那名军官一起帮忙。没想到那人自诩身份尊贵，竟不客气地呵斥华盛顿。华盛顿见状，立即脱下外衣跳进河里，帮助那两名士兵。事情办好了，华盛顿对两名士兵说，以后遇到困难可以到白宫找他。那名军官一听，才知道他就是华盛顿总统，顿时呆若木鸡。

第十八章 出任美国首任总统

在任何一个国家，知识都是公共幸福最可靠的基础。

——华盛顿

（一）

回到弗农山庄的华盛顿潜心田园农事，享受着恬静的生活，日子过得十分惬意。不过，华盛顿也并没有完全消极遁世或沉湎于个人享乐，虽然不在其位不谋其政，但一种对国家、对人民的责任感仍让他不能超然物外，他不能不常常思考着国家事务中出现的许多新问题。

他渐渐发现，《联邦条例》下建立起来的新的国家体制并没有实现人民预期的理想。由于中央权力极小而州的权力很大，各州如同一个个独立的主权国家，使整个联邦俨然成为一个由13个主权国家组成的松散的联盟。在这种体制下的美国，也出现了许多无法解决的矛盾和问题。

例如：国家不能建立稳定的财政秩序，无法保障债权人的利益，尤其是战争中欠下的大量国债无法偿还；国家不能实行关税壁垒政策，以保护美国年轻的民族工商业；美国在国际上处于软弱无力的地位，国家无法保护美国人的海外权益；国家无法保证国内社会秩序的稳定；等等。

面对联邦统治几年后的美国，华盛顿感到一阵隐痛和不安。这种局面如果长久地持续下去，必然会给这个新生的共和国带来巨大的损失。

就在华盛顿担忧不已时，1786年秋，为了能生存下去，马萨诸塞州西部的广大贫苦农民终于在丹尼尔·谢斯的领导之下发动了起义。起义队伍很快就扩展到1.5万人，人数最多时甚至超过当年华盛顿统率的大陆军。

起义的消息很快传到弗农山庄，联邦政府派去监视起义者的陆军部长诺克斯在给华盛顿的信中写道：

"他们的信条是：全部财产都是全国人民一起从英国统治下夺回来的，因此，它应该属于全体美国人民。"

华盛顿听到这个消息后，绝望至极。当初退伍时，他如果听人说"在今天你将看到反对我们自己制定的法律与规章的可怕的叛乱……"，他会毫不犹豫地斥之为"神经病"；而现在，他看到了"这个国家里第一次出现的最光彩夺目的晨曦之上笼罩乌云"，他无比气愤地喊道：

"仁慈的上帝啊！人类的行为怎么能如此反复无常，背信弃义？前几年我们还在为建立今天的制度，为建立我们自己选择和创立的制度，我们在流血；可是现在，我们又要拔出刀来，想要推翻这种制度！"

谢斯起义很快就被镇压下去了，但联邦政府体制表现出来的极度的软弱性让华盛顿强烈地感到建立一个强有力的中央政府的紧迫性。华盛顿在给时任外交部长的詹姆斯·杰伊的信中指出：

我认为，我们想要作为一个国家长久地存在下去，就必须把权力交给某个机构，让它雷厉风行地在整个联邦中运用自己的权力，就像每个州的州政府可以在本州内雷厉风行地运用自己的权力一样。

为了表达自己对国家的关心，华盛顿在信中还强调：虽然他已退职回乡，但他无法将自己完全置于漠不关心的旁观者的地位。

在华盛顿的呼吁下，安纳波利斯会议上提出的关于1787年夏在费城召开全国代表会议的建议得到广泛响应。1787年2月，联邦会议决定召开全国代表会议，修改《联邦条例》。

此时，弗吉尼亚、新泽西、宾夕法尼亚、特拉华和北卡罗来纳州已指定出席会议的代表，议会要求其他各州也派代表参加。后来，马萨诸塞、纽约、佐治亚、马里兰和康涅狄格州也先后派出出席会议的代表，只有罗德岛州拒派代表参加。

弗吉尼亚议会一致推举华盛顿担任州代表出席费城会议，但华盛顿却有些犹豫不决。他认为，自己既然已经公开宣布退出政坛，现在再重新出现在政坛上，别人会觉得他出尔反尔；而且，如果他出席会议，而会议还未召开就失败了，那对他名声的影响也会十分不好。

但是，从另一个方面考虑，华盛顿又很担心，如果自己闭门不出，会有人认为他不肯为国家出力，让美国建立共和国的试验失败。

种种顾虑，让华盛顿陷入迟疑不决之中。

后来，亲友们都劝华盛顿出席非常会议，以便利用他的威望和影响促使这次会议成功举行。华盛顿本人也考虑到建立强有力的中央政府和维护共和主义的必要性，终于决定再度出山。

（二）

1787年3月28日，华盛顿致函弗吉尼亚州州长伦道夫，表示自己的健康允许的话，他愿意作为弗吉尼亚代表参加费城全国代表会议。帷幕既然已经拉开，华盛顿只有希望这次会议"不要接受妥协的权宜之策，而是要彻底找出宪法的弊端，并要制定出根治方法"。

在对弗农山庄进行一番安排后，5月13日，华盛顿到达费城。这位声名显赫的前大陆军总司令的到来，在整个费城都引起了轰动。宾夕法尼亚一家报纸对此做过这样的报道：

"入城时，礼炮轰鸣，钟声响亮，人们高声欢呼，表达他们对这位伟人到来的热烈欢迎。"

5月14日原定是费城会议开幕的日子，可当华盛顿和弗吉尼亚代表们一起到达会场时，却惊讶地发现只有弗吉尼亚和东道主宾夕法尼亚的代表到达了，整个会议厅显得空空荡荡。这些难道都是不祥之兆吗？

但华盛顿的处事态度是：要么不干，只要决定干，就一定要干出个样子来。于是，他利用开会前的间隙时间一面与本州代表讨论磋商，尽可能统一意见，一面与陆续到达的各州代表广泛交流。因此到开会前，华盛顿等人的观点已经为相当一部分代表所了解并初步认可了。

5月25日，7个州的代表先后抵达费城，勉强凑够了法定人数，制宪会议才正式召开。后来，又有5个州的代表陆续来到费城。这样，13个州中除了罗德岛州外，都派代表出席了会议。

在出席会议的55名代表当中，最具有影响和权威的人物要数富兰克林和华盛顿，但富兰克林此时已是81岁高龄，年老体衰，精神不济，因此主持领导这次会议的重任不可避免地就落在华盛顿身上。大会代表通过议程，选举会议领导人员，华盛顿被一致推举为会议主席。

会议开始不久，华盛顿就提议通过两个决议：各州不论大小，在表决时只有一票；会议期间严加保密，不得将内容外泄。对于后者，华盛顿尤其重视。他认为，如果会议议事记录外泄，就会使大会不成熟的思想扰乱公众的平静，从而可能在国内激起对抗浪潮。

制宪会议每天正式开会4—7个小时，会期一直延续了4个多月。其间，华盛顿恪于主席身份，不便参加辩论，但他那众所周知的意见对大家都产生了影响。

在会议进入正题后，弗吉尼亚代表团麦迪逊起草了一份建立新政府的方案。这个方案被称为"弗吉尼亚方案"，其基本要点是：

一，按各州认可比例设立一个两院制立法机构，下院由人民选举产生，上院由下院选举产生。

二，由立法机关选择一种行政机构。

三，建立一个由立法机关选举的司法机关，包括最高法院和下级法院。

经过激烈的辩论，9月17日，会议以7票对3票的优势通过了以弗吉尼亚方案为蓝本建立新政府的决定。历时4个多月的制宪会议正式降下帷幕，接下来就是要各州议会逐一批准了。

这部宪法规定了一整套符合美国国情的治国原则，规定美国是一个联邦制的共和国。在国家政治体制上有两个重要特点：从中央政权和州政权的关系上，它是联邦制国家；从国家最高权力的结构看，它是个三权分立的共和制国家。这种体制也奠定了美国的立国基础，至今已执行200多年。

在18世纪，美国宪法规定的立法、司法和行政三权分立，总统由选举产生并规定了任职年限，这同终身制和世袭制的封建君主制相比，是一种伟大的历史进步。它否定了君权神授的合法性，否定了国家最高权力的不可分割性和不可转让性，正如列宁所说：

"资产阶级的共和制、议会和普选制，所有这一切，从全世界社会发展来看都是一种巨大的进步。"

（三）

制宪会议结束的第二天，华盛顿就匆匆处理好各种事务，坐马车回到弗农山庄。大约在同时，联邦议会也将新宪法的文本转发给各州议会，以供由各种选举产生的代表大会讨论批准。按规定，如果有9个州批准，宪法就可以生效。但事实上，如果有一个州从中作梗，宪法也难以在全国实施。所以，争取批准宪法的工作虽然不如制定它那样富有创造性，但却更为艰难和复杂。

这次回到弗农山庄后，华盛顿再也无法静心于恬淡的庄园生活了，而是日夜焦虑地关注着新宪法的命运。

从1787年底开始，好消息便陆续传来，各个州陆续批准了新宪法。直到1788年6月底，华盛顿在宪法上签字10个月后，北卡罗来纳州最后一个批准宪法，争取批准宪法的运动最终在全国取得胜利，一个新型的联邦制国家在北美诞生了。

根据新宪法的规定，国会立即通过决议，定于1789年1月的第一个星期三由美国人民推举总统选举人。随后，在2月的第一个星期三，由选举人开会选举总统。新政府的会议将在3月的第一个星期三在纽约市举行。

选举谁来当选美国的第一任总统成了全国人民都在议论的话题，人民的目光很自然地投向了领导他们争取祖国和民族独立的英雄华盛顿。

华盛顿对于是否出任美国总统表现出一种矛盾的心理。一方面，总统职位并没有产生让他入迷的魅力；另一方面，他又为新宪法的通过而欢欣鼓舞，并期望这可以将他引向政治事业上辉煌的巅峰。因此，当汉密尔顿来函劝说他接受总统职务时，华盛顿一再表示：

"如果我被委任而又无法推辞，可以肯定，接受此项任命将比我生平所经历的任何任命更加令人惶恐和不快。"

同时他又表示：

"我将下定决心，别无他顾，竭尽全力为民效力，以期能在适当的时机尽早解除这一职务，使我能再一次退隐，以便在惊涛骇浪之后度过平静的晚年，享受天伦之乐。"

1789年2月4日，选举团一致通过华盛顿为美国第一任总统。他的当选既是必然的，也是必要的。就当时美国的情形来说，华盛顿的领导是新政府唯一能够吸引美国全国团结一致的一种力量。

根据规定，华盛顿将于1789年3月4日出任美国总统，任期为4年。于是，华盛顿开始安排家务，准备一接到担任总统的正式通知后就立即动身前往临时首都纽约继任。

在临行前，华盛顿特意前往弗雷德里克斯堡探望了年过八旬、重病在身的老母亲。由于这可能是一次生离死别，华盛顿非常难过。但母亲得知儿子已经获得了美国的最高荣誉，感到无限荣光，她安详而愉快地与这位有出息、有成就的儿子告别。

4月16日，华盛顿告别了5年多的布衣生活，动身前往纽约赴任。但是，他却丝毫感觉不到快乐，他在给诺克斯将军的信中甚至满怀抑郁地写道：

"我将带着无异于囚犯走上刑场的心情走上执政掌权的宝座。"

此刻的华盛顿，心情的确难以名状。起初，他担心在自己已保证隐退之后再次重返政坛会引起人们对他的不满，但一路之上，他却受到了热情的欢迎。无论途经哪里，他都被簇拥在游行队伍的前列，人们争先恐后地与他握手……经久不息的欢呼，让他的耳朵屡屡生出痛意。

人们对华盛顿的欢迎是发自内心的，但是，这位新总统心里很清楚，倘若他以后的政绩无法满足广大人民的要求和愿望，那么，这种热情就会变成同等疯狂的责难。期待如此热烈，可是出现的棘手的事情那么多，这种新的危机局面使华盛顿不能不感到"力不从心，难以招架"。

然而，华盛顿此行的使命可能会改变整个历史进程，他不能不打起信心，谨慎行事，正如他自己所说的：

"保卫自由的神圣火炬、保卫共和制政府的命运意义深远，至关重要，它将取决于由美国人民亲手完成的这次尝试。"

（四）

1789年4月30日这天，风和日丽，纽约市到处都洋溢着一股浓浓的春意。美国历史上第一次总统就职典礼即将举行。

上午9时，各礼堂钟声齐鸣，人们虔诚地祈祷上帝赐福于美利坚民族。12时左右，各部门首长和受检阅的部队在华盛顿面前集合完毕，浩浩荡荡的队伍在繁华的大街上向联邦大厦列队行进。沿途挤满了围观的群众，他们载歌载舞，欢欣雀跃，汇成了一片欢腾的海洋。

华盛顿乘坐一辆豪华的四轮马车跟随在部队和各部门首长身后。在他的后面，是各国驻美使节以及成千上万的市民、群众。

队伍在联邦大厦前不远处停下来，华盛顿等人下车，步行穿过一队队排列整齐、军容威武的卫兵，进入大厦议会厅，向早已恭候在那里的参众两院议员们挥手致意。在副总统约翰·亚当斯的引导下，华盛顿来到议事厅正面的中间座椅上就座。他的右侧是亚当斯，左侧是政府发言人莫莱伯格。

一时间，大厅内鸦雀无声，气氛庄严而凝重。这时，副总统亚当斯起身对华盛顿道：

"先生，参议院和众议院已经准备完毕，请您按照宪法规定进行就职宣誓。"

宣誓地点是安排在议事厅前面的一个大阳台上，这里摆放着一张铺着深红色天鹅绒布的桌子，上面放着一本装帧精美古朴的《圣经》，站在阳台上就可以俯瞰纽约市最繁华的街区。

华盛顿箭步走上阳台，他身穿一套美国制的深褐色服装，佩带一把钢柄指挥刀，脚上穿着白色丝袜和有银白色鞋扣的鞋子；头发理成了当时很流行的发式，并涂上了发粉，让这位新任总统看起来格外精神矍铄。

很快，阳台下面就传来震耳欲聋的欢呼声。华盛顿深为群众的情绪所感动，他走到阳台前面，以手贴胸，几度向欢呼的人群鞠躬致礼，然后回到桌旁的安乐椅就座。人群渐渐又恢复了平静。

接着，宣誓开始了，华盛顿站起来，大法官罗伯特·利文斯顿走上前来主持仪式。参议院秘书捧起《圣经》，身材高大的华盛顿弯腰吻了吻这本宝典，然后将手放在《圣经》之上，以缓慢、清晰的语调庄严宣誓：

"我谨庄严宣誓：我将忠诚执行合众国总统职务，我将竭尽所能坚守、维护并保卫合众国宪法。"

宣誓完毕，华盛顿又恭敬地弯下身，轻吻了一下《圣经》。这时，大法官利文斯顿走上前，举起右手高呼道：

"合众国总统乔治·华盛顿万岁！"

刹那间，广场上欢声雷动，礼炮齐鸣，钟声激荡，一个新时代的序幕拉开了……

为了答谢群众的欢呼，华盛顿再次向他们躬身致敬。然后，他回到议事厅，向参众两院发表了就职演说。

据在场的许多目击者称，华盛顿在讲话时的表情"严肃到近乎悲伤"的程度，而且显得有些局促，讲稿从左手换到右手，左手的几个手指插入裤袋中。他的声音低沉得有些颤抖，以致听众们都不得不屏息静听。

华盛顿的演说没有惯用的套话，全是自己的肺腑之言。在演说中，他祈求造物主能帮助美国人民在"他们自己创立的政府"的领导下，获得自由与幸福。他接着说，美国走向"独立国家"的每一步都"似乎由天意指引"。同时，他还谈到了自己就任后的施政纲领，宣扬和解精神，指出：在公共事务中，要讲求个人道德，"美德与幸福，职责与利益，公正而宽宏的政策准则与民众获得的切实的富裕和安乐，都是密不可分的"。

他还充满深情地表示：

"因为祖国的召唤，要我再度出山。对于祖国的号令，我不能不肃然敬从。但是，退居林下依然是我一心向往的生活。我曾满怀奢望，也曾下定决心，在退隐之地度过晚年。"

华盛顿简洁的演讲打动了在场的每一位听众。当时的著名演说家费希尔·埃姆斯写道：

"我好像看到了一个美德的化身正向他未来的信徒演说。他那摄人心魄的力量是无与伦比的。"

在就职演说结束后，华盛顿正式成为美利坚合众国历史上第一位总统。

1779年，法国革命家康斯坦丁·奥尔涅拜访美国总统乔治·华盛顿。奥尔涅为了获准周游美国各地，请求总统开具一张介绍信。华盛顿有些犯难：不开吧，会让奥尔涅不满；开吧，自己又很为难。于是，他在纸上写道："康·奥尔涅不需要华盛顿的介绍信。"

第十九章　毫无退路的连任

如果自由流于放纵，专制的魔鬼就会乘机侵入。

——华盛顿

（一）

就职之后，摆在华盛顿面前的头等大事就是把一种前人从未试验过的、囊括各州的新的政府体制付诸实施。他也深知这一创造性工作的难度，因为他所接手的联邦政府"只不过是十几个办事员，一个空空如也的国库，和一大堆债务而已"。而他的联邦政府内部成员，也只有一个总统和一个国会。新宪法中也没有就政府的组成问题提出明确的意见和设想，甚至连总统是否有权委任各部领导人也没有说明。于是，这位首任总统开始发挥他伟大的创造力，筹建他的第一届联邦政府机构。

1789年7月27日，华盛顿首先建立了专门处理外交事务的部门，9月15日将其定名为国务卿办公室。8月7日，陆军部建立；9月2日，又建立了财政部。

在确立各部之后，接下来就是挑选各部的领导人了。对此，华盛顿十分重视，因为职务的委派可能是唯一能在群众中显示联邦政府"形象"的方式，一定不能马虎大意。对部门官员的选择，华盛顿提出两个条件：一是要受人民的欢迎，二是要对人民具有一定的影响力，两者缺一不可。

在青年时期，华盛顿曾亲身经历了英国那种以血统而非才干选拔军官的拙劣做法，并深受其害；如今，他力求以人的才干和品德来选择人才，并且特别注意人才的深孚众望的特点，以确立新政府在人民群众中的威信。

在这方面，就连一向挑剔、经常与华盛顿作对的约翰·亚当斯都不得不表示钦佩：

"我从未见过像他那样广纳众意而又有主见的人。"

根据以上的选人标准，9月11日，华盛顿任命自己的老部下亚历山大·汉密尔顿为财政部长，任命亨利·诺克斯为陆军部长。9月26日，华盛顿又任命托马斯·杰斐逊为美国第一任国务卿。接着，华盛顿又根据约翰·杰伊的愿望，任命他为最高法院院长，埃德蒙·伦道夫则被任命为司法部长。

华盛顿组建的这一政府机构，可谓将美国"第一流的人物"都网罗到了自己的政府。因此，他踌躇满志，信心十足。由于这些官员都是由总统直接任命的，从而开创了美国政府部门官员向总统而不是向国会负责的先例。

在其他官员的任命中，华盛顿也特别注意任人唯贤。新政府刚刚成立，希望在政府中谋得一官半职的人纷至沓来。对此，华盛顿认为，倘若新政府在任命和使用公职人员时有失公正，那么这一政府就会因此覆亡。因此，对那些求职人员，他一律都会向所属各州的议员征求意见，绝不以个人的好恶亲疏来贸然取舍。

政府班子组建之后，美国的国家机器便开始正常运转了。这是一个完全新型的国家，华盛顿正在领导美国人民进行一场史无前例的伟大实验，全世界的目光都聚集在他的身上。华盛顿将满腔的热忱和全部精力都投入到工作当中，殚精竭虑，励精图治，决心为彻底改变美国的落后面貌而努力奋斗。

1789年10月15日，华盛顿开始对东部各州进行巡视。当他到达马萨诸塞州时，州长亨柯克竟然称病不出来迎接，因为在亨柯克心目中，他才是该州最高权力的体现者。

对于亨柯克的无礼行为，华盛顿不甘示弱，以拒绝出席州长宴会加以回敬。他认为：联邦政府是高于加入联邦的各州政府的，合众国总统的地位理应居于州长之上。

终于，美利坚合众国政府的强硬态度压倒了亨柯克的地方主义气焰。10月25日，亨柯克亲自致函华盛顿，对自己没能出迎总统表示歉意，并请求其会见。26日，天气突然风雨交加，华盛顿取消了前往列克星敦参观的计划。傍晚时分，亨柯克冒着大雨乘车来到华盛顿的下榻处，拜会了总统阁下。

从此，总统的地位高于州长便成为美国政治生活的共识，尽管总统不能直接命令并指挥这些州长们。

（二）

与处理令人头痛的内政问题相比，华盛顿处理起外交问题却显得游刃有余。在上任之后，外交方面首先就是面临与欧洲两个强国英国和法国的关系问题。一直以来，英法两国都是死对头，美国应该支持哪一方呢？

对此，华盛顿保持冷静的头脑，不为各种狂热的偏见所左右，坚持独立自主，尽量避免卷入欧洲的各种争端。在当时，这是一个极其有创见的外交思想。

在对待与法国之间的关系上，华盛顿高度赞扬了法国对美国独立战争所做出的巨大贡献，坚持巩固美法之间的友谊。但同时，他又让美国与法国之间保持一定的距离，常常提示对方要尊重美国的利益和尊严。

1789年7月4日，法国爆发大革命，巴黎人民攻占了巴士底狱。对此，华盛顿用冷静的政治目光，审慎地观察着这个欧洲国家所发生的事件。

1790年，曾给予美国独立战争积极帮助的拉斐特担任法国革命派国民自卫军司令，被人们尊称为"两个半球"（欧洲与北美洲）的英雄。为了表达对华盛顿的尊敬和爱戴，他给华盛顿寄去了一件珍贵的礼物——开启巴士底狱大门的钥匙。

华盛顿将这把钥匙挂在自己的住所中。奇妙的是，他又将路易十六的雕像与钥匙摆在一起。后来，法国波旁王朝被推翻，美国很快就承认了法国革命政府，而当时众多欧洲国家没有一个这样做。

华盛顿与拉斐特的私人关系是友好而真诚的，但后来他得知法国大革命失败，拉斐特身陷囹圄时，碍于美国总统的身份不便出面向法、奥交涉，只得在经济上给予拉斐特夫人一定的资助。

调整同英国的关系也是华盛顿重要的外交思想，他希望能消除英美两国之间的敌对势力，缓和两国的矛盾，防止再次出现麻烦。1790年，华盛顿派莫里斯前往英国，作为非正式的外交人员，要求英国全面执行和平条约，并试探着与英国谈判通商条款。就这样，两国关系开始解冻，僵局逐渐打破，并最终实现了邦交正常化。

总之，华盛顿在处理与欧洲两强之间的外交关系时可谓左右逢源，为美国的发展创造了缓和的国际环境。

然而，就在这良好的国际环境中，美国内部却出现了激烈的党派纷争。

美国建国之初，围绕一系列重大方针政策问题展开了激烈的争论，如经济政策、外交政策、联邦性质和宪法解释等。华盛顿没想到的是，这些争论竟然引发了美国的政党纷争。

1790年1月8日，美国第一届国会第二次会议召开。这天上午，华盛顿主持了开幕式，并在参议院大厅向国会参众两院的议员们发表演说，阐述他的施政纲领。在他的施政纲领中，他提到了建立国防、发展经济等问题，但对财政政策这一重要问题却未提及。

之所以如此，是因为华盛顿有自己的难言之隐。当时的联邦政府给新的联邦政府留下了一个负债累累的财政摊子，政府债务高达4000万美元，此外各州政府还有2500万美元的债务和1000多万美元的外债。怎么处理这些债务，成了新政府的燃眉之急。而正是这一问题，让华盛顿费尽心机建立起来的第一届美国政府濒于几乎崩溃的边缘。

在第一届内阁成员中，汉密尔顿和杰斐逊实际上是华盛顿的"左右手"。汉密尔顿主内理财，杰斐逊持外，华盛顿统筹全局。此举逐渐克服了国家的财政困难，维持了政治局面的相对稳定，经济形势也出现了生机。华盛顿曾为自己搜罗一群美国最杰出的人才于内阁之中而自我得意：

"有杰斐逊主持国务院，杰伊主持司法部，汉密尔顿主持财务部，诺克斯主持陆军部，我感到这些精明能干、亲密无间的助手们对我的强有力的支持。"

然而，杰斐逊和汉密尔顿二人在政治、经济、性格和做法等方面都有所不同。国务卿杰斐逊是美国《独立宣言》的起草者，才华出众，思想敏锐；财政部长汉密尔顿是一位出色的行政管理人才，精明能干，具有精密细致的作风和训练有素的头脑，他大胆地提出了一系列具有创见性的经济政策，发展资本主义经济，加强了联邦政府的权利。

在担任国务卿之初，杰斐逊对解决国家债务问题和首都选址问题上，同汉密尔顿进行了有益的互相妥协。但随着历史的发展，两人在许多政策问题上开始出现分歧，矛盾日渐加剧。

（三）

　　汉密尔顿在收集大量资料的基础上，凭借自己丰富的财政金融知识，提出了4个经济报告，其中有3个是关于财政金融问题的。

　　第一个报告就是清偿债务。他主张，凡是在独立战争中欠下的债务，应一律由联邦政府按票面值偿还。因为这些债务是美国人民为支持独立战争所付出的代价，偿债是理所应当的，而且是可以维护和提高国家信用的。

　　汉密尔顿的偿债方案在提交国会后，引起了激烈的争论。赞同者认为，这是一副扭转国家财政状况的妙药，必须尽快付诸实施；而反对者认为，这只会使北部资产阶级发横财，但却严重损害其他地区和社会集团的利益。

　　面对这一纠纷，华盛顿一开始也有些犹豫不决，但经过认真权衡，他最终还是认可了汉密尔顿的方案。有了华盛顿的支持，汉密尔顿便积极活动，最终使得他的偿债方案在国会中获得通过。

　　国债需要全部偿还，那么资金从哪里来？汉密尔顿认为，资金可以从税收中获取，为此他又提出来征收消费税的方案。这个方案在国会中引起了一场更大的争论。事情很显然，因为当时大部分债券都集中在北方投机商和富豪手中。所以，汉密尔顿的方案实际上是要将大笔钱财奉给北方投机商，而南方没有债券的州却要平白无故为北方各州缴付税款。这样一来，南方议员们自然对汉密尔顿的计划表现出反对态度。

　　但出乎意料的是，汉密尔顿的征税方案最终是通过反对他的领袖人物杰斐逊才得以在国会中通过的。

　　1790年3月21日，民望极高的杰斐逊走马上任，肩负国务卿的重任。6月中旬，杰斐逊在总统府前与汉密尔顿不期而遇。汉密尔顿将自己的财政方案全部告诉给杰斐逊，并请求杰斐逊赞成他的方案，称这是缓解难局的唯一方法。

杰斐逊对财政部长深信不疑，但他担心这样会令合众国面临解体的危险，因此，他找到了另外一个解决方法。

当时，国会还有一个重大的议题，就是首都的选址问题。在那个通讯方式极为落后、交通十分不便的时代，各地都希望将政府抓到自己手里。于是，杰斐逊与汉密尔顿达成一项交易：北方要征得足够的选票，赞成让首都建立在南方，以换取南方投票通过汉密尔顿的财政计划。

交易达成后，参众议院以微弱的多数通过了汉密尔顿的财政计划。关于首都问题，国会今后10年将继续在费城开会，同时马里兰和弗吉尼亚交界的波托马克河河畔划出16千米的地方交给联邦政府，在此修建办公大楼。10年后，政府将迁往此处。

然而，这项交易却让华盛顿第一次遭受到人身攻击，尽管他从未在此过程中插手。有人称他签字同意汉密尔顿的方案是为了将首都安在自己家门口，他出卖了整个国家。

一波未平，一波又起。1790年12月14日，财政部长汉密尔顿又提出了建立国家银行的方案，结果再次在国会中引起轩然大波。该方案的主要内容是：银行具有开办20年的特许证，总资本为1000万美元，共分2.5万股，其中政府只能认购资本总额的五分之一，余者皆为私人认购；银行由25人组成董事会管理，其中政府代表为5人。所以，银行实际上就是由私人代表所控制。但政府对银行的宏观调控将得到保证，银行账目永远对财政部公开，银行也必须要按照国会的规定活动。这一银行可以向联邦政府、各州或大型私营工程提供贷款，有权发行流通货币。

该方案其实会使私营商界的核心集团人物大发其财，并使他们获得极大的国家权力。因此，最终投票时，麦迪逊和杰斐逊等人起来反对，认为宪法没有赋予联邦政府参加某一个银行的权利，因此建立国家银行是违反宪法的。但最终，参议院还是以39票对20票的多数通过了财政部的这一方案。不过问题还没有结束，这一方案还需要总统签署后才能生效。

这让华盛顿感到为难了，他对财政金融问题一直不太精通，现在又弄出一个宪法解释问题，让他头昏脑胀，不知该如何处理。最终经过一番权衡比较，他还是下决心在法案上签了字，法案随即生效。

事实证明，国家银行的建立对稳定通货、提高经济活跃性、促进产业发展起到了很大的作用。

（四）

自从国家银行提案风波之后，华盛顿的"左右手"便因观点各异而分歧日甚。杰斐逊曾写道：

"汉密尔顿与我天天在内阁里斗，简直就像两只公鸡一样。"

在这场内阁纷争中，诺克斯是站在汉密尔顿一边的，而伦道夫则常常与杰斐逊站在一边。在这两位内阁人物的敌对旗帜下，美国各地也开始形成两大党派。赞成加强全国性政府，以便在国外提高尊严、在国内提高效率的一派，将汉密尔顿视为楷模，他们自称为"联邦党人"，而杰斐逊却称他们为"独裁主义者"；另一派被称为"共和派"，他们认同杰斐逊的观点，认为联邦党人是想将联邦政府变成一个庞大的中央政府，作为从共和国走向君主国过渡的准备。

对于内阁的这些纷争，华盛顿一向是十分反对的。他是"三驾马车"的首脑，因此他不偏不倚地同杰斐逊和汉密尔顿保持着等距离的均衡关系，希望彼此不要带着偏见地将他认为对美国有利的观点集中起来。弗吉尼亚的R·M·T·亨特在演说中这样评价这位美国总统：

　　"他并不想建立单元内阁，不想压制别人的意见，也不希望别人隐瞒自己的意见。他对别人的过人才干毫无嫉妒之心，他把当代最伟大的政治家团结在自己周围，……他没有让杰斐逊和汉密尔顿跑到内阁外面去互相激烈地斗争，以致动摇整个政府大厦，而是把他们关在内阁里，以便他们在发生争执时随时亲自加以仲裁，在他们提出建议时随时加以采纳，使之造福于国家。"

　　1792年，按照宪法的规定，4年一届的美国总统任期即将届满，紧张的工作和受拘束的生活让华盛顿的健康状况日益下降，因此他决定届满后正式退出政坛，摆脱国事重负，回到家乡去安享田园乐趣。

　　奇怪的是，互相对立的两派都希望华盛顿能连任总统。在当时的美国政界，的确找不到更合适的人选来担任美国首脑了。众人的劝说让华盛顿对去留问题彷徨不定，看来自己连任是众望所归。

　　经过长期的思想斗争，华盛顿最终还是同意参加第二届美国总统的竞选。他没有搞任何竞选活动，却于1793年2月13日以132比0获得全票通过，再次当选为美国总统。

　　华盛顿并不迷恋权力和地位，但他确是一位重视声誉胜过生命的绅士，又是一位对祖国和同胞具有高度责任感的爱国者。

　　1793年3月4日，华盛顿在参议院会议当众宣布就职。这次，他的就职演说与首次任总统的演说相比，可谓简短之至：

同胞们：

　　我再度受祖国的召唤行使总统职责。在承担这一职务期间，我将鞠躬尽瘁以表示我对这一殊荣怀有的高度责任，无愧于美国人民对我的信赖。

　　宪法规定：总统在正式行使总统职责之前要进行就职宣誓。现在，我在你们面前宣誓：如果发现我在执掌政权期间对宪法和禁令有任何自愿或故意违背，我除了承受宪法所规定的惩罚外，还甘愿接受所有现在目睹这一庄严仪式的人民的谴责。

寥寥数语之后，华盛顿便以最快的速度、尽可能不引人注目地回到了总统官邸。4个月后，他仍然满腹牢骚地致函友人道：

"在我任职期间，我把自己视为公仆。但如果他们在此期间进而将我称为他们的奴仆，我也没什么异议。"

连任后的华盛顿总统面临的国内形势与第一次上任时大不相同。当初在纽约就职时，国内各派政治力量基本都团结一致，舆论也无重大分歧；而现在，国内却出现了两个对立的政党派别，舆论也随之分裂，内阁里互相倾轧攻击……这些让这位连任总统感到十分烦恼，穷于应付！

华盛顿连任前后，国际形势也发生了巨变：1793年，法国国王路易十六被送上断头台；2月1日，法国对英宣战；3月初，法国又对西班牙宣战；吉伦特派掌权的法国政府派遣热内前来充任驻美国公使。

在这种风云激荡的形势下，美国力量单薄，新建立的国家百废待兴，急需一个和平的环境恢复和发展国民经济。华盛顿从国家利益考虑，告诉国务卿：

"英法两国已经开战，我国政府要努力严守中立。"

华盛顿保持中立的态度是相当明智的，因为如果美国承认法国的新政权，就必将触怒欧洲的君主制国家及美国的联邦主义分子，如汉密尔顿等人；而如果不承认，又会得罪法国革命者和美国的共和主义者，如杰斐逊等人。所以，宣布中立是最符合美国利益的办法。

4月22日，由伦道夫起草，屡遭杰斐逊和汉密尔顿互相"干扰"和"攻击"的"中立宣言"文稿经华盛顿审阅后以总统名义发表。文稿说，美国与法国、英国均保持和平关系，禁止美国公民参加海上任何战斗，警告他们"不得把现代国际惯例中视为违禁品的任何物品运送给交战国"，并禁止他们"采取与友好国家对交战国的职责不相符的任何行动和步骤"，"美国的职责和利益要求他们应该真诚地、善意地采取并力求对所有参战国都保持友好而且是公正的态度"。

"中立宣言"表明华盛顿的外交思想已渐渐趋于成熟。这次事件是年轻的美利坚合众国政府处理的第一起外交事件，美国已经审时度势地从国家利益出发，奉行"等距离外交"策略，实行自己靠自己的外交战略，不过分依赖外在强国。因此说，这份"中立宣言"也是美国的外交思想成熟并付诸实施的标志。

虽然华盛顿的"中立宣言"是十分明智的，但这种冷静的决策却与许多公民的热情和激动的情绪背道而驰。因此，"中立宣言"刚刚出台，共和派对此就做出了强烈的反应，宣称法兰西事业是全人类的事业，"中立就是背叛"，矛头直指"君主制炮制者，亲英分子"汉密尔顿。

汉密尔顿对此也不甘示弱，他更加坦率地说：法国是支持过美国独立事业的，但那是出于他们的利益，现在我们的利益不允许偏袒任何一方。

虽然各派争论不休，但华盛顿认准了的事就一定会坚定地做下去，"中立宣言"也不例外，尽管它饱受批评，甚至会损害自己的声誉。

（五）

华盛顿的中立政策不仅遭到国内部分人士的抨击，很快还受到来自法国和英国方面的威胁。

就在华盛顿发表"中立宣言"的4月22日，新任法国驻美公使埃蒙德·查尔斯·热内抵达美国的查尔斯顿，以谋求在美国民众中发动一场支援法国的革命风暴。因此，从查尔斯顿到费城，他一路发表蛊惑人心的演说，煽动亲法仇英情绪，并招兵买马，企图建立一支援法的革命十字军。就连国务卿杰斐逊也一时受这种情绪的影响，未对热内的行为采取果断有力的措施。

但不到3个星期，杰斐逊对热内的幻想就破灭了。热内组织十几条武装私掠船在近海大肆活动，先后捕获了80多艘英国商船。这些粗暴的行为严重践踏了"中立宣言"，招致英国政府的强烈抗议，使美英关系一度陷入危机。

最终，1794年1月，内阁会议决定取消热内的外交官职权及其外交特权。就在这时，法国政府也召回了热内，派来一位新的驻美公使。

法国的危机刚刚解除，英国危险又随之而来。1793年6月，英国政府为切断法国的海外供应，便向它的巡洋舰发出指令：扣留一切开往法国的商船，并要求船主保证将货物卸给英国友好国家。

这一措施立即引起美国舆论的愤怒，美国政府对此也提出抗议，但英国依然我行我素。此后，英国海军和私掠船还多次袭击往返于法属西印度群岛航线上的美国船只，船员或被迫加入英国海军，或在囚船上被热病夺去生命。

面对群众的激愤情绪，华盛顿再次以他那坚定和冷静的杰出品质站出来指明方向，呼吁通过与英国谈判解决问题，而不要诉诸武力。为此，他派出美国最高法院院长约翰·杰伊出使英国，与英国政府进行谈判。

1793年夏，就在华盛顿的中立政策不断遭受到挑战时，他的内阁再次出现问题。

6月下旬，汉密尔顿写信给华盛顿表示：鉴于公众的利益和个人的考虑，他决定在本届国会会议结束时辞去现有职务。华盛顿虽竭力劝说，但这位下属却丝毫不为之所动。

7月31日，杰斐逊也致函总统表示，本打算在总统首任期满就辞职隐退，后因种种情况而推迟至今。现在，他已到了辞职的时候，并决定于9月底辞去国务卿职务。

华盛顿对这两位"左膀右臂"的辞职要求深感难过，甚至有几分悲凉。尤其是杰斐逊的辞职，对华盛顿是一个沉重的打击。回想几年总统生涯，华盛顿对这位充满民主主义激情的思想家怀有一种深深的敬意。这位品行高尚、秉公无私、才学横溢的国务卿具有丰富的外交知识和处理国际问题的经验，是一位真正的爱国主义者。尽管他与汉密尔顿经常发生争执，但他提出的意见和思想总是出于良好纯正的动机，对华盛顿的决策工作始终产生着重要影响。

1794年1月，杰斐逊将国务卿事务转交给他的继任——司法部长埃德蒙·伦道夫后，随即踏上归途。

1795年1月，汉密尔顿和诺克斯也相继辞去财政部长和陆军部长职务。为此，华盛顿不得不挖空心思地重新组建内阁。

这时，有关杰伊在英国谈判的消息传来，杰伊已与英国政府于1794年11月19日签订条约。但直到1795年3月7日，杰伊条约的文本才递交到华盛顿手中。华盛顿对这份条约十分不满，他认为，杰伊条约虽然避免了美英两国的战争，但美国作出的让步太多。为了避免条约引起更多公众的愤怒和不满，他只好将这份条约束之高阁，秘而不宣。

然而在交付国会讨论时，围绕是否批准杰伊条约的问题，"共和"、"联邦"两党进行了激烈的斗争，且斗争的意义远远超过了对条约本身的争论，开创了美国两党制的先河。

最终，华盛顿为了避免美国卷入战争，签订和批准了杰伊条约，虽然他因此而遭到两党派严重的人身攻击，甚至是谩骂和嘲笑。

153

当上首任总统后，华盛顿经常要在大庭广众之下演讲。可他不善言辞，甚至拙嘴笨舌，但他的讲话却很受欢迎，因为他很真诚，又善于急中生智。有一天，召开打胜仗军民大会，会上大批军官因迟迟不发军饷而异常愤怒，大有夺权之势。华盛顿一看情况紧急，急中生智突然中断演讲，慢慢从马甲中摸出眼镜，戴上后说道："对不起，先生们，将军们，我为这个国家鞠躬尽瘁，腰弯了，头发白了，现在眼睛也快要瞎了……"在场听众无不感动，表示支持华盛顿共渡国难。一时火药味很浓的兵变事件就这样平息了。

第二十章　安静地离世

　　在我离开你们的时候，我的手是干净的，我的心是纯洁的。我热诚地祈求上帝赐予这个国家，这块我的三四代祖先都在这里出生的土地繁荣和幸福。

——华盛顿

（一）

　　早在华盛顿重返政坛出席制宪会议时就曾担心，他会因此而丧失在艰苦卓绝的独立战争中获得的声誉和同胞们对他的爱戴。而现在，这种担心似乎正在渐渐变成现实，两党政治的发展使这位总统不由自主地卷入相互攻击的漩涡之中。

　　杰伊条约对华盛顿的影响很大，他原本指望签署这一条约能平息战争，为美国营造一个良好的发展环境，谁知人们的愤怒情绪反而日渐强烈，甚至将这种不满转移到他个人身上。共和党人就杰伊条约对华盛顿的攻击尤甚，他们指责杰伊是叛徒，称华盛顿是"政治伪君子"，是一个"傲慢的专制君主"。

　　在经济方面，华盛顿也开始受到指责。有人宣称，这位总统一贯透支他的薪水，这种无端的攻击让华盛顿痛苦至极。事实上，他从未自己去领取过他的职务津贴，这一切都由他的秘书经管。而且财政部长科尔科特也称，华盛顿每季的开支有时超过季度津贴，有时则达不到，但全年的开支总数都不超过年度的津贴总数。

让华盛顿更加伤心的是，人们竟然开始以加入他的内阁为耻。由于找不到合适的人选，他只好请汉密尔顿帮忙推荐一位贤者担任美国国务卿，但这位从前的下属回答得让他备感难堪：

"国务卿这个角色实在是难当至极。……说实话，第一流的人物是难以找到的，次一等的人物也得以礼貌相待和起码不错的条件才能找到。但愿我说得更明白些，这对于一个政府来说是一个可悲的预兆。"

最后，华盛顿只好退而求其次，降格让皮克林担任国务卿。为了这一任命，他甚至恳求皮克林，皮克林才屈尊俯就似地答应下来。他还找了其他几位关系密切但却不是很著名的二流人物充实内阁。按照副总统约翰·亚当斯的话说：

"政府结构再一次充实了，但与杰斐逊、汉密尔顿、杰伊等人在这里时大不一样了。"

华盛顿在62岁寿辰时，国会曾特意休会半小时，以向这位总统祝寿。而今，当这位64岁的老人再次寿辰时，因杰伊条约而与总统闹僵的众议院专门以50票对38票通过决议，规定议员们不得休会半小时去向总统贺寿，以表示对华盛顿的不满。

华盛顿由此看出，他在人们心中的光辉形象正在渐渐暗淡下去。

1796年春，正是华盛顿与众议院之间因杰伊条约而剑拔弩张之时。出于对政界纷争的厌烦，这位老人归隐田园的念头日渐强烈。他在信函中表示，1797年3月4日他将"结束公职生涯"：

"我可以预言，从此以后，世界上再也没有任何力量能将我从个人生活中拖出来了。"

在这期间，华盛顿开始着手准备一份告别文书，对任期内的一切做个总结性的交代。经过数月的推敲修改，1796年9月，华盛顿将这份告别文书交给费城的《美国每日新闻报》发表。

这篇告别演说的发表在全国引起了极大的震动，政府要员们也普遍感到惋惜和震惊，甚至有人为此流泪。大多数报纸都对总统的主动引退表示赞赏，原来攻击他有权力欲的反对派这下也无话可说了。

华盛顿的这篇告别演说是他执政8年的经验与教训的全面总结，也是针对国际国内政治风云、党派纷争针砭时弊的有感之作，同时也阐述了他的政治思想、制宪思想、治国方略和他所推行的内政外交政策，情真意切地对国民提出忠告和对国家未来的希望。

演说词成为美国历史上又一重要历史文献，也有人认为他是华盛顿为国家留下的一笔"有形财富"，而他的引退精神则被评价为一个"无形财富"，为美国总统的任期立下了先例。

根据1787年的宪法，美国总统每任4年，但没有限制连任的次数。这意味着，只要条件允许，总统可以一直连任下去，甚至杰斐逊也一度认为华盛顿这位第一任总统可能任职终身，因为他极高的威望可以让他轻而易举地做到这一点。

可是，华盛顿却没有这样做，他的至多连任两届的先例后来成为一条不成文的规定。华盛顿之所以能够急流勇退，毅然离开许多人渴望的总统宝座，放弃手中的大权，一是由于他厌恶相互攻击的党派斗争，强烈的荣誉感胜过对权力的迷恋，不愿因权力而破坏自己的名声；二是他希望建立通过选举来确定继任总统这种完全共和制政体的形式；三是华盛顿生长在具有强烈资产阶级民主传统和反封建专制思想的美洲"新大陆"，这种土壤本身孕育了华盛顿的共和民主思想，同时也让他认识到，任何非民主意愿的思想在这里都会遭到失败。

因此，有人在评价华盛顿时写道：

"他是克伦威尔，但没有野心；他是苏拉，但没有恶行。在他以自己的努力使祖国进入独立国家之列后，他自愿交出了感恩戴德的民众授予他的权力，结束了他的政治生涯。"

（二）

在将繁重的国事重担交付给新总统约翰·亚当斯后，1797年3月9日清晨，华盛顿愉快地与家人一起乘马车向家乡弗农山庄进发。华盛顿思乡心切，早已无心欣赏沿途的风景，一路快马加鞭，夜宿晓行。

3月15日，一行风尘仆仆的旅人终于回到了弗农山庄。望着眼前熟悉的一切，华盛顿充满深情地对妻子玛莎说：

"我们终于回到自己平静的港湾了。"

返回家乡的第二天，华盛顿起了个大早。在仆人的陪伴下，他骑着马兴致勃勃地巡视了整个山庄。他准备重整旗鼓，在自己的有生之年将弗农山庄建设成为美国第一流的农场。

然而通过几天的观察，华盛顿有些心灰意冷了。由于常年在外，疏于对庄园的管理，此时的弗农山庄已经变得荒芜不堪，房屋因年久失修而腐朽颓败，到处都是肮脏的垃圾和倒塌的篱笆围墙，农田已经荒芜，水土迅速流失，牲畜因饲养不善而羸弱不堪……简直就是一片残破的景象。

尽管如此，这位65岁的老人还是不肯认输，他决定进行一次新的创业，励精图治，让山庄恢复往日的气度。为此，他回家没多久就几乎恢复了当年在山庄时的作息时间和生活方式，黎明即起床，用过简单的早餐后，便在侄子的陪同下前往各个工作点检查。

他常常几个小时骑在马背上四处奔波，巡视农作、饲养和各个作坊的生产，及时监督和指导各项工作，常常从一个工作点马不停蹄地转到另一个工作点，一直忙碌到下午2点左右才回家用餐。

为了重振家业，华盛顿在认真论证的基础上，亲自拟定了一份庄园管理规划。这份文件洋洋洒洒，长达30多页，并附有各种表格，详细地说明了他所要做的每件事。其中一些计划是短期内根本无法实施的，华盛顿也知道自己可能无法看到事情的结局，但他的最大愿望是"把一切该办的事情办好，以便在去见上帝时不致在心灵上受到谴责"。

正当华盛顿在弗农山庄忙碌地实施他的重建规划时，突变的政治风云再次打破了他平静的生活。

杰伊条约虽然缓和了美英之间的关系，但却令美法之间的关系变得紧张起来。法国政府视这一条约为美国与英国结盟的证据，拒绝接受华盛顿于1796年夏天派往驻法的大使查尔斯·平克尼。

1797年3月，亚当斯就任美国总统，美法关系进一步紧张。为了避免与法国发生冲突，1797年5月，亚当斯任命平克尼等三人组成委员会，与法国方面谈判有关商务及友好条约问题。

1797年10月，三位使节抵达法国巴黎，却遭到了法国外交部长塔列朗非礼节性的接待，并且还私下向三位代理人索要1000万美元的巨额贷款，结果遭到美国特使的拒绝。就这样，三位代表又返回美国。

1798年4月，具有强烈联邦党人意识的亚当斯总统为争取舆论向国会公布了对法交涉的经过，并用"X、Y、Z"代替塔列朗派来索贿的三名代理人。这就是美国外交史上所谓的"X、Y、Z事件"。

亚当斯的这一招果然有效，美国国内立即掀起反法情绪，联邦党人也趁机利用这种狂热制造战争气氛，美国似乎面临一场新的为独立而战的斗争。

然而，亚当斯本人却不熟悉军事，这突如而来的军事重任令这位总统一筹莫展。这时，他想起了正在弗农山庄的那位老将军华盛顿。

（三）

1798年6月22日，亚当斯亲自给华盛顿写信，信中写道：

"……我不能不时常征求您的意见，我们不能不借助您的威名，只要您允许我们这样做。您的威名胜过千军万马。"

与此同时，陆军部长麦克亨利也给华盛顿写信，表示希望他能出山。

7月4日，或许是经历了太多政治风波的缘故，华盛顿以一种极其泰然的态度分别给亚当斯和麦克亨利回了信。在给亚当斯的信中他写道：

"……万一由于某种不可抗拒的力量，敌人真的入侵我国，只要祖国要求我为击退入侵而效力，我决不会把年龄和退休当成借口予以推辞。"

在给麦克亨利的信中，华盛顿也表示了同样的意思：

"……我的整个一生都在为祖国效劳，在有生之年，只要我确信祖国同意并需要我牺牲自己的安逸和宁静，我就绝不会在这生死存亡的关头追求安逸和宁静。"

然而，这位老人还不知道，就在他复信前的7月3日，亚当斯总统已经向参议院提名华盛顿为中将总司令了，而且这一提名在第二天就得到了参议院的一致通过。于是，华盛顿再一次被推上政治舞台。

7月11日，麦克亨利以陆军部长身份专程来到弗农山庄，代表官方希望华盛顿接受总司令之职。但这位前总统与现任总统在高级军官的任命上却发生了严重分歧，为此，华盛顿甚至给亚当斯总统写信，以不容申辩的口气表示，如果总统不能按照他的要求任命军官，他将退出军队。

如果华盛顿真的将威胁付诸实施，亚当斯根本控制不了联邦党人和共和党人由此可能出现的纠纷，无奈之下，他只有向他昔日的上司认输。

华盛顿为何会如此固执？有人认为是因为年龄的缘故，这表明：最伟大的英雄，在岁月面前也不得不认输。但他明知"今后增添声誉的可能性绝不比失去它的危险性更大"，还是毅然出马，为国家效力，其爱国情怀天日可昭。

1798年11月5日，曾决心不再跨出家门卷入政治纷争的华盛顿再一次结束退休生活，驱车前往费城，共商重组军队的大计。

在费城，华盛顿冒着严寒，与汉密尔顿、平克尼等人为筹建军队的种种复杂问题而操劳。5个星期里，他不顾年迈体衰四处奔波。

也许是真的老了，华盛顿觉得费城真是太寒冷了，他希望能够尽快返回弗农山庄，去过一个愉快的圣诞节。因此，匆匆处理完军务后华盛顿就动身返程。

12月25日，弗农山庄沉浸在圣诞节的欢快气氛当中。兴致热烈的华盛顿邀请了许多朋友前来共度佳节，其中也包括平克尼将军夫妇。

新的一年到来了，华盛顿虽然身在弗农山庄，却一刻也没忘记国家赋予他的重任。他通过与麦克亨利、汉密尔顿等人的信件往来，继续讨论和指挥军事工作。所幸的是，法国督政府因内外交困，逐渐改变了对美国的强硬态度。

1799年1月底，华盛顿接到法国的一位美国侨民来信，信中表示：美法矛盾均因误解而生，现在法国督政府愿意接受美国派去的使节。

老人对美法两国能化干戈为玉帛而高兴，他将信件转交给亚当斯总统，并附函表示，希望能"建立在公正、高尚、尊严基础上的和平与安宁"。亚当斯总统复信表示：他也收到了许多类似信件，并已决定派美国驻荷兰大使威廉·万斯·默里为驻法大使，以打破与法国之间的外交僵局。

（四）

1799年2月22日，是华盛顿67岁的寿辰，恰逢又是他的侄孙女内莉·卡斯蒂斯结婚的喜期，弗农山庄度过了热闹喜庆的一天。

生日结束后，又有人来弗农山庄充当说客，动员华盛顿参加第三届总统的竞选，因为总统换届时间又要到了。华盛顿一口回绝，他说：

"如果我参加竞选，我就会成为恶毒攻击和无耻诽谤的靶子，会被诬陷为怀有野心，一遇时机就爆发出来。我还将会被指责为昏聩无知的老糊涂。"

华盛顿仍然每天认真地经营着他的弗农山庄。按照他拟定的耕作计划，他每天都高兴地骑着马到处巡视。不过，弗农山庄的宁静和闲暇也让他有了充裕的时间思考一个正在日渐向他逼近而又无法回避的问题：死亡。这位曾经驰骋沙场，对枪林弹雨都无所畏惧的老英雄，此刻也与常人一样，有着一种对悄悄来临的死亡的恐惧。他私下写道：

"希望人们的尊敬以及为国家效忠后的自我感觉会减轻我将遭受的痛苦和忧虑——虽然它们现在还没有来到我的面前。"

7月初，华盛顿开始准备他的遗嘱，并竭力使自己的遗嘱能够醒目一些。7月9日，华盛顿在他亲笔书写的长达23页的遗嘱上签了字。由于没有亲生的继承人，他辛苦积攒下来的家业只好在华盛顿、卡斯蒂斯和丹德里奇三个家族中分散开来。老人还专门为教育提供了捐赠，以资助在首都建立一所全国性的大学。

转眼又到了冬天，尽管室外天寒地冻，华盛顿仍然每天骑着马到庄园各处巡视。12月12日这天，华盛顿在他的日记中写道：

"早晨多云，东北风，温度表上的计数为华氏33度。昨天晚上月亮周围有大风晕，10时许开始下雪，旋即冰雹骤降，继而寒雨不息。到夜里，温度计数为华氏28度。"

12月13日早晨，华盛顿醒来后发现，窗外已经是白茫茫的一片，雪还在下着，他无法像往常那样骑马外出，只好在家休息。

这时，他感到嗓子有些疼。显然，他是昨天在风雪中受凉了。下午，雪停了，天气晴朗，华盛顿又走出家门，骑马来到住宅与河流之间的地带，给计划即将砍伐的一些树木标上记号。此刻，他的声音已经有些嘶哑了，可这位倔强的老人仍然没当回事。

13日夜里，华盛顿开始浑身寒战，呼吸困难，喉痛加剧。14日凌晨两三点钟，他唤醒了玛莎，说自己难受极了。玛莎吓坏了，想起床去叫仆人来，可华盛顿不让她下床，怕她受凉。

天亮后，女仆进来生火，华盛顿才让女仆去喊一位经常给奴隶们看病的监工罗林斯，他想在医生到来之前先让这位监工给自己放点血。

这时，秘书利尔也醒来了。他依照民间单方，用糖、醋和黄油配制成水剂给华盛顿含漱，以治疗他的嗓子痛。但每次含漱时，都会引起咽喉痉挛，咳嗽更加猛烈。

太阳出来后，罗林斯带着一把柳叶刀来了。当将军伸出手臂时，这位监工却紧张起来。华盛顿吃力地安慰他不要怕。

罗林斯在华盛顿的手臂上切了一个口子，很快，血就顺着切口流了出来，但华盛顿还说：

"切口还不够大，再放点……再放一点。"

直到放了一品脱（相当于0.473升）后，利尔才将切口包扎起来，但华盛顿咽喉的病痛感丝毫没有减轻。

上午八九点钟，华盛顿的老朋友克雷克医生来了，还带了两位内科医师。他们立即采取各种治疗方法，并且又放了血，但都毫不奏效。

下午三四点钟，迪克大夫和布朗大夫也匆匆来到弗农山庄。年仅37

岁的狄克医生认为，华盛顿得的是急性喉黏膜炎，必须立即切开气管让他呼吸，否则就会窒息而死。但布朗大夫认为这样过于危险，甚至会致命。克雷克也站在布朗大夫一边。最后，三位医生继续为老人放血，这次放的血已经"流得很慢，显得很黏稠"了。

下午4点半左右，华盛顿让玛莎到楼下房间拿出两份遗嘱，他让夫人烧掉一份，并让她保存好另一份。接着，老人又拉着床边的秘书利尔的手说：

"我知道我将不久于人世，……请你务必把我近来的军务信件和文件都加以整理和登记，要把账目都清理一下，我的书也都放好，这些只有你最清楚了。让罗林斯先生把我的其他信件都做好记录，他已经开个头了……"

当利尔请他一切都放心，并希望他恢复健康时，老人微笑着表示，他已经不行了。这是每个人都会面对的事情，因此他也坦然待之。

14日晚上10点钟左右，华盛顿说话已经十分困难了。他几次想和利尔说话，但竭尽全力才挤出几个字：

"我马上就要不行了，葬礼不要过分，我死后3天再下葬。"

利尔伤心得说不出话来，只是不住点头。华盛顿又追问道：

"你明白我的意思吗？"

利尔回答说：

"明白，先生。"

"那就好。"这是这位伟人此生所说的最后一句话。

大约10点到11点之间，一代伟人平静地停止了呼吸。

3天以后，即12月18日，华盛顿的葬礼在弗农山庄举行。亚当斯总统派特使加急送来吊唁函。

华盛顿的遗体被安放在弗农庄园家族的老墓地中，牧师诵读完祈祷词后，华盛顿的遗体被送进墓穴。

华盛顿逝世的消息传遍美国，举国沉痛哀悼。正在开会的国会休会一天，全体议员和工作人员佩戴黑纱，后来国会还发表了一个公开悼词。

消息传到英国，英国舰队司令下令旗舰下半旗致哀，几十艘舰艇也跟着下了半旗。

消息传到法国，法国政府命令各机关的旗帜上一律悬挂黑纱10天。

为了纪念这位伟大的英雄，新建的美国首都命名为华盛顿。200年来，美国共有100多个城镇都以华盛顿命名。

关于这位伟人，亨利·李在美国国会发表的悼辞中作了公允而概括性的评价：

"战争时期的第一人，和平时期的第一人，同胞们心目中的第一人，一位举世无双的伟人。"

华盛顿被美国人誉为"美国国父"，事实上，华盛顿曾拒绝过一次可以当上"美国国王"的机会。有一次，他手下的军官们联合发起一项提议，准备提请华盛顿担任"美国国王"，然而这个提议最终被华盛顿一口否决了。

华盛顿生平大事年表

1732年2月22日 乔治·华盛顿出生于北美弗吉尼亚州威斯特摩兰县的布里奇斯溪。

1738年 全家迁到弗雷德里克斯堡的弗雷农庄居住。

1740年 兄长劳伦斯从英国学成回家。同年秋，劳伦斯参加了英国美军上将弗农的军队。

1743年 4月，父亲病逝；7月，兄长劳伦斯在波托马克河畔的种植园定居，为纪念海军上司弗农上将，遂将庄园命名为弗农山庄。

1745年 受费尔法克斯一家影响，抄录《待人接物行为准则》110条，规范自己的言行。

1747年 移居弗农山庄，与兄长劳伦斯一起生活。

1748年 被正式批准为土地测量员。

1751年 陪兄长劳伦斯到西印度群岛巴巴多斯养病。

1752年 写信给本州总督，自荐担任民团副官。同年7月，兄长劳伦斯病逝。

1753年 前往俄亥俄法军据点递交抗议书，多次遇险。

1754年 在"大草原之战"中击败法军；7月，"困苦堡之战"失利，被迫投降，去军职回家。

1755年 被任命为英军上校副官，参加英法战争；英军大败，华盛顿返回弗农山庄。

1755—1758年 随弗吉尼亚民团戍守本州边境，在军中服役，参加了法国人同印第安人之间的战争，从而获得了军事经验和威望。

1758年 参加福布斯将军攻占迪凯纳堡的战斗。

1759年 与玛莎·丹德里奇·卡斯蒂斯结婚。

1763年 英王宣布北美殖民地阿巴拉契亚山脉以西土地为英国王室

所有，华盛顿等北美人民对此强烈不满。

1765年　当选为费尔法克斯县议员。

1769年　致函乔治·梅森，提出抵制英货。

1770年　出任费尔法克斯县治安法官。

1774年　参加费尔法克斯县代表会议，被选为代表，出席在费城召开的第一届大陆会议。

1775年　列克星敦的民兵打响了美国独立战争的第一枪，拉开了北美独立战争的序幕。同年，华盛顿出席第二届大陆会议，被推举为大陆军总司令。

1776年　大陆会议通过著名的《独立宣言》。8月，"长岛战役"爆发，弃守纽约大撤退。12月下旬，夜袭特伦顿英军，获胜。

1777年　萨拉托加大捷，大败普林斯顿英军，成为独立战争新的转折点；随即率军到莫里斯顿休整。

1778年　谴责"康韦阴谋"，庆祝美法联盟。

1780年　接受法军中将和海军中将军衔。

1781年　《联邦条款》正式生效，大陆会议改称联邦议会；约克镇战役获胜，最后一支英军在约克镇投降，独立战争胜利结束。

1782年　严词拒绝让他当美国国王的呼吁。

1783年　英美签订《巴黎和约》，正式承认美国独立。同年，华盛顿辞去官职，回到弗农山庄隐居。

1784年　致函弗吉尼亚州长，讨论治国之道。

1787年　主持宪法会议，制定了世界上第一部资产阶级宪法《联邦宪法》，确立了美国三权分立的联邦共和制。

1788年　汉密尔顿致函华盛顿，劝其出任美国总统。

1789年　当选美国历史上第一任总统。

1790年　向国会两院发表演说。

1792年　再次以满票连任美国总统。

1793年　签署"中立宣言"。

1794年　签署《杰伊条约》。

1796年　发表告别演说，离开政治舞台。

1799年12月14日　华盛顿在弗农山庄逝世，终年67岁。